# 生涯探索实践教程

主　编　徐　倩　彭　云　陈　刚
副主编　刘千千　王太保　宋　锴
　　　　王思齐　顾思琦
编　委　蔡海飞　王寿斌　杨景波
　　　　骆　云　何　菁　张　劢
　　　　何大勇　张正余　程文文
　　　　王睿文

学院：_____

班级：_____

学号：_____

姓名：_____

组别：_____

苏州大学出版社
Soochow University Press

图书在版编目(CIP)数据

生涯探索实践教程：活页版 / 徐倩，彭云，陈刚主编. —苏州：苏州大学出版社，2023.1
ISBN 978-7-5672-4127-5

Ⅰ.①生… Ⅱ.①徐… ②彭… ③陈… Ⅲ.①大学生-职业选择-高等学校-教材 Ⅳ.①G647.38

中国版本图书馆 CIP 数据核字(2022)第 227836 号

| | |
|---|---|
| 书　　名： | **生涯探索**实践教程（活页版） |
| 主　　编： | 徐　倩　彭　云　陈　刚 |
| 责任编辑： | 刘一霖 |
| 装帧设计： | 刘　俊 |
| 出版发行： | 苏州大学出版社（Soochow University Press） |
| 社　　址： | 苏州市十梓街1号　邮编：215006 |
| 网　　址： | www.sudapress.com |
| 邮　　箱： | sdcbs@suda.edu.cn |
| 印　　装： | 苏州市深广印刷有限公司 |
| 邮购热线： | 0512-67480030　销售热线：0512-67481020 |
| 网店地址： | https://szdxcbs.tmall.com/（天猫旗舰店） |
| 开　　本： | 787 mm×1 092 mm　1/16　印张：10.5　字数：180千 |
| 版　　次： | 2023年1月第1版 |
| 印　　次： | 2023年1月第1次印刷 |
| 书　　号： | ISBN 978-7-5672-4127-5 |
| 定　　价： | 49.00元 |

凡购本社图书发现印装错误，请与本社联系调换。服务热线：0512-67481020

# 目 录
# CONTENTS

## 开场白

01 破冰活动 ……………… 003

02 教学内容 ……………… 007

03 课程期待 ……………… 009

04 考核办法 ……………… 012

## 第一单元
### 生涯唤醒

01 生涯是什么 ……………… 026

02 为何学生涯 ……………… 034

03 如何探生涯 ……………… 037

## 第二单元
### 兴趣探索（上）

01 兴趣与生涯 ……………… 050

02 霍兰德理论 ……………… 054

## 第二单元
### 兴趣探索（下）

02 霍兰德理论 ……………… 063

03 应用与解惑 ……………… 071

## 第三单元 性格探索

01 什么是性格　　　　　085

02 MBTI 性格类型　　　087

03 性格与生涯　　　　　095

## 第四单元 能力探索

01 什么是能力　　　　　107

02 优势能力探索　　　　109

03 能力与生涯　　　　　117

## 第五单元 价值观探索

01 什么是价值观　　　　125

02 价值观探索　　　　　129

03 价值观与生涯　　　　134

## 期末考试

01 课程评价　　　　　　143

02 课程感悟　　　　　　147

03 在线考试　　　　　　149

附录1：兴趣探索练习　　153

附录2：霍兰德职业索引　155

后记　　　　　　　　　　159

# 开场白

生涯探索课

# 目录 Contents

## 01 破冰活动 — 003
- 1.1 说我 — 003
- 1.2 说你 — 004
- 1.3 课堂约定 — 006

## 02 教学内容 — 007
- 2.1 教材教辅 — 007
- 2.2 内容模块 — 008

## 03 课程期待 — 009
- 3.1 内容需求调研 — 009
- 3.2 课程渴望调研 — 009
- 3.3 课程需求调研 — 010

## 04 考核办法 — 012
- 4.1 成绩评定 — 012
- 4.2 技能考试 — 013

**课后作业** — 019

**课后感悟** — 020

# 01 破冰活动

❋ 1.1 说我
❋ 1.2 说你
❋ 1.3 课堂约定

## 1.1 说 我

### ❋ 猜猜哪条不是真的

- 我的兴趣 _____
- 我的性格 _____
- 我的价值观 _____
- 我的经历 _____
- 课程意义 _____

### ❋ 我的故事

姓　名：_____　工作部门：_____　联系方式：_____
我的故事：_____

❋ 有幸成为你生命列车上的同行者
　千万分之一的缘。
❋ 愿能成为你的朋友
　二亿分之一的缘。

## 1.2 说 你

### ※ 分组定位

| 1 | 组长 | | 组长 | 2 | 3 | 组长 | | 组长 | 4 |
|---|---|---|---|---|---|---|---|---|---|
| 1 | | | | 2 | 3 | | | | 4 |
| 1 | | | | 2 | 3 | | | | 4 |
| 1 | | | | 2 | 3 | | | | 4 |
| 1 | 主创 | | 主创 | 2 | 3 | 主创 | | 主创 | 4 |
| ____班级 | | | ____班级 | | | ____班级 | | ____班级 | |

| 讲台 |
|---|

### ※ 组长与主创

**主创 3 名**
**（含组长）**
**公布组长名单**
**组长组阁**

## ※ 席卡制作

**操作办法**

折两折成三角
用下发笔填写

**正面反面**

正：姓名 + 组别
反：优势或品牌

**获胜标准**

符合要求
速度最快
笔还桌上

正面：姓名 + 组别

反面：优势或品牌

# 1.3 课堂约定

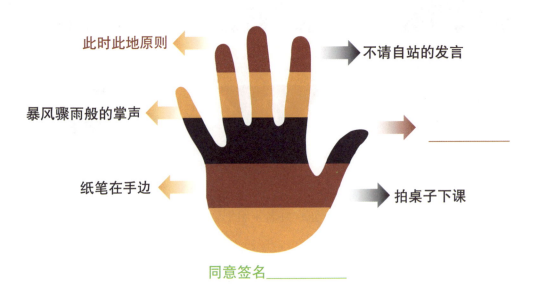

此时此地原则

不请自站的发言

暴风骤雨般的掌声

纸笔在手边

拍桌子下课

同意签名_____

姓名：汪艺文
班级：环艺 20301
系部：数字艺术系
主题：鱼戏荷叶间

# 02 教学内容

● 2.1　教材教辅
● 2.2　内容模块

## 2.1　教材教辅

### ※ 理论教材

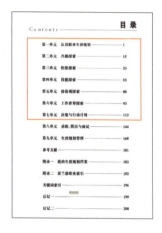

### ※ 实践教材

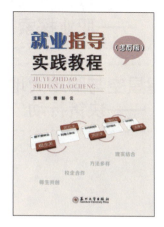

## 2.2 内容模块

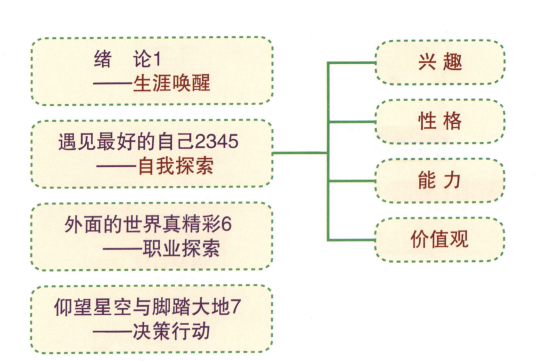

# 03 课程期待

❋ 3.1 内容需求调研
❋ 3.2 课程渴望调研
❋ 3.3 课程需求调研

## 3.1　内容需求调研

❋ 投票：你想听什么

## 3.2　课程渴望调研

❋ 打分：你很想听吗

渴望程度：5分最高，1分最低（无需求）

# 3.3 课程需求调研

作业：需求调研表

个人信息=简历　现状与需求调研

**"生涯探索"课程需求调研表**

班级 _____　学号 _____　组别 _____　姓名 _____

| 个人信息 | 一、**家庭情况**<br>父亲职业：　　　　　　　　　母亲职业：<br>重要他人称呼及职业：<br>二、**教育背景**<br>上学期平均成绩及综合测评排名：<br>已获证书（计算机，英语，专业证书）：<br>在校外培训机构学习的课程或在网上自主学习的课程：<br>三、**实践经历**<br>校内实践经历（现任职务，学团活动，专业实践活动）：<br>校外实践经历（兼职等）：<br>四、**所获奖项** |
|---|---|
| 生涯知多少 | 一、**自我认知能力自评**（请给自己打分：擅长4分，较擅长3分，一般2分，糟糕1分）<br>1. 我知道自己的兴趣与职业兴趣，不喜欢本专业也知如何"曲线救国"。（　）<br>2. 我知道自己的优势与才干，我认可我自己、爱我自己。（　）<br>3. 我知道自己的性格类型，并能与不同性格的人友好相处。（　）<br>4. 我知道自己存在的意义，知道自己人生中最看重的是什么，想成为什么样的人，想过什么样的生活。（　）<br>二、**目标自测题**<br>1. 你有怎样的职业目标？（　）<br>　A. 长期清晰的职业目标，如有请写出 _____<br>　B. 短期清晰的职业目标，如有请写出 _____<br>　C. 模糊的职业目标<br>　D. 什么目标都没有<br>2. 今天的学习生活和你的目标职业之间是否有联系？_____ |
| 课程需求 | 给本课程的学习渴望度打分（按5-1分打分，5分为十分迫切想学习，1分为一点也不想学）<br>你给自己打（　）分，这样打分的理由是 _____ |
| 咨询需求 | 一、是否有个体咨询需求？有（　）没有（　）<br>二、如有需求，想解决哪方面的问题？_____<br>　留下你的手机号：_____ |

## ※ 自我探索技能测评

| 自我探索技能 | 自评分 |
|---|---|
| 兴趣探索（知道自己的兴趣与职业兴趣，不喜欢本专业也知如何"曲线救国"） | |
| 性格探索（知道自己的性格类型，并能与不同性格的人友好相处） | |
| 能力探索（知道自己的优势与才干，认可自己，爱自己） | |
| 价值观探索（知道自己存在的意义，知道自己人生中最看重的是什么，想成为什么样的人，想过什么样的生活） | |
| 总均分 | |

| 自评分标准 | 1分 | 2分 | 3分 | 4分 |
|---|---|---|---|---|
| | 糟糕 | 一般 | 较擅长 | 擅长 |

## ※ 课堂讨论

当下你有哪些困惑

# 04 考核办法

※ 4.1　成绩评定
※ 4.2　技能考试

## 4.1　成绩评定

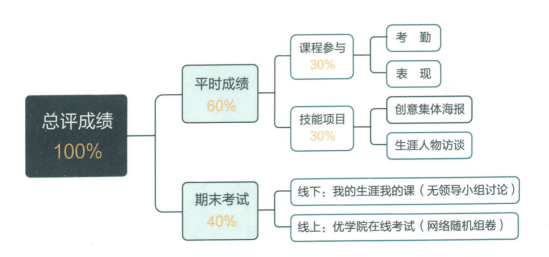

| 课程参与 | 考勤：旷课1次扣10分，2次取消考试机会；迟到、早退1次扣5分；病、事假2次算1次迟到，书面为准，需要老师证明<br>表现：期末感悟、课后作业、课堂互动、优学院积分 | 100分 |
|---|---|---|
| 技能项目 | 课前十分钟：团队研究性学习项目"工作世界探索"<br>内容1：创意集体海报。内容2：生涯人物访谈 | 100分 |
| 期末考试 | 线上考试：优学院随机组卷<br>　　　　　　客观判断题，主观简答题，生涯路线图（一页PPT）<br>线下考试：无领导小组讨论"我的生涯我的课"<br>　　　　　　个人生涯规划分享＋课程评价<br>最后一周随堂考（根据教学需求确定考试方式） | 100分 |
| 总评成绩 | 课程参与×30% + 技能项目×30% + 期末考试×40% | 100分 |

## 4.2　技能考试

※ 考试内容

工作世界探索

子项目1：
创意集体海报

子项目2：
生涯人物访谈

**创意集体海报**

制作小组
（班级）
集体合影

以小组为单位完成一张创意集体合影：

1. 人人露脸，脸部清晰。

2. 人人留名，展示优点。

3. 班名醒目，构图独特。

## ※ 创意集体海报

开场白

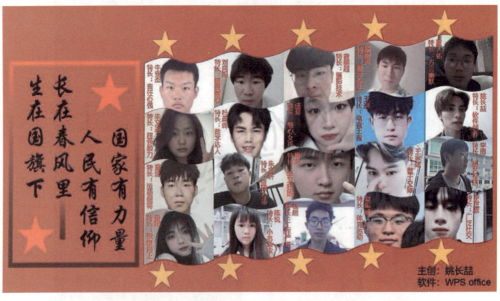

> 开场白

## 生涯人物访谈

访谈生涯人物做出访谈报告

采访心仪岗位（本专业对口）职场生涯人物（非 IVT 教师）。

主要围绕以下四个方面发问：

1. 入（入职资格与技能）。
2. 做（岗位职责，典型工作日）。
3. 得（薪酬待遇，对生活的影响，工作氛围，企业文化）。
4. 拓（职业发展，晋升路径）。

另外，也可针对行业现状、就业形势、企业管理、给在校生忠告等方面探究。

## ※ 评分标准

| | | |
|---|---|---|
| 创意海报作品 | 文字：题头有班级名，个人有姓名与亮点<br>图片：脸清晰，造型有寓意与创意；JPG 格式；班级留存 | 30 分 |
| 人物访谈报告 | 按模板要求完成访谈报告，以 PPT 形式展现 | 30 分 |
| 提交优学院 | 文件命名（5）：班级名+应到人数+实到人数+缺席者姓名（海报）；<br>班级名+主创姓名（PPT）<br>截止时间（5）：第 11 周周日 19 点 | 10 分 |
| 演讲汇报 | 1. 登台亮相（5）：全体登台或打开摄像头，自述优势或测评码<br>2. 主创汇报（10）：主创代表组员汇报海报寓意及生涯人物访谈报告（限 10 分钟，听得清，易理解）<br>3. 主创答辩（10）：主创，任务与成长<br>4. 巩固抢答（5）：全体参与，5 题全对 | 20~30 分 |

## ※ 考试安排（八周班）

| 周数 | 教学内容 | 团队技能考试时间 |
|---|---|---|
| 第10周 | 开场白 | |
| 第11周 | 生涯唤醒 | |
| 第12周 | 兴趣探索（上） | 第1组 |
| 第13周 | 兴趣探索（下） | 第2组 |
| 第14周 | 性格探索 | 第3组 |
| 第15周 | 能力探索 | 第4组 |
| 第16周 | 价值观探索 | |
| 第17周 | 期末考试 | |

## ※ 考试安排（七周班）

| 周数 | 教学内容 | 团队技能考试时间 |
|---|---|---|
| 第10周 | 开场白 | |
| 第11周 | 生涯唤醒 | |
| 第12周 | 兴趣探索 | 第1组 |
| 第13周 | 性格探索 | 第2组 |
| 第14周 | 放假 | |
| 第15周 | 能力探索 | 第3组 |
| 第16周 | 价值观探索 | 第4组 |
| 第17周 | 期末考试 | |

## ▶▶ 课后作业

### ※ 团队作业：技能考试项目

- 上传内容：创意集体海报（JPG 格式），生涯人物访谈报告（PPT 形式）。
- 上交地址：优学院团队作业端口。
- 截止时间：第 11 周周日 19 点。
- 操作步骤：确定主创，巧妙构思，合理分工，合成照片，完成报告。

### ※ 个人作业：课程需求调研

- 上传内容：填写并上传课程需求调研表。
- 上交地址：优学院个人作业端口。
- 截止时间：今日 19 点。

动画 12301 班蔡明明绘　　　　　　　　　　　　北广场

## ▶ 课后感悟

第_____次课　　　　　　　　　　　　_____年___月___日

**要**（你记得的要点）

_____

_____

_____

_____

**感**（你的感触、感悟、感动点）

_____

_____

_____

_____

_____

**动**（你的改进行动）

_____

_____

_____

_____

_____

# 第一单元

## 生涯唤醒

生涯探索课

# 巩固抢答

- 说 我

- 说 你

- 说 规 则

- 教学内容

- 课程需求

## ▶▶ 作业点评

### ❋ 个人作业

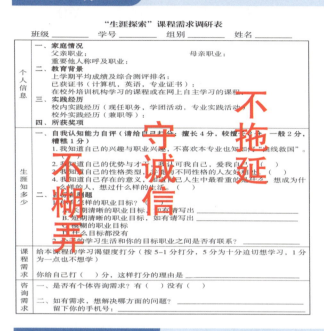

- ➢ 完成情况
- ➢ 咨询需求
- ➢ 困惑问题
- ➢ 渴望程度

### ❋ 团队作业

| | | |
|---|---|---|
| 创意海报作品 | 文字：题头有班级名，个人有姓名与亮点<br>图片：脸清晰，造型有寓意与创意；JPG 格式；班级留存 | 30分 |
| 人物访谈报告 | 按模板要求完成访谈报告，以 PPT 形式展现 | 30分 |
| 提交优学院 | 文件命名（5）：班级名+应到人数+实到人数+缺席者姓名（海报）；<br>　　　　　　　班级名 + 主创姓名（PPT）<br>截止时间（5）：第 11 周周日 19 点 | 10分 |
| 演讲汇报 | 1. 登台亮相（5）：全体登台或打开摄像头，自述优势或测评码<br>2. 主创汇报（10）：主创代表组员汇报海报寓意及生涯人物访谈<br>　　　　　　　　　 报告（限 10 分钟，听得清，易理解）<br>3. 主创答辩（10）：主创，任务与成长<br>4. 巩固抢答（5）：全体参与，5题全对 | 20~<br>30分 |

# 目录 Contents

**01 生涯是什么** — 026

1.1　生涯研究什么　　026
1.2　生涯的特性　　029
1.3　生涯的定义　　030
1.4　生涯三要素　　031

**02 为何学生涯** — 034

2.1　目标的力量　　034
2.2　规划的作用　　035
2.3　我命由我不由天　　035

**03 如何探生涯** — 037

3.1　便捷式　　037
3.2　六步法　　037
3.3　八字诀　　039
3.4　抓重点　　040

| 课后作业 | 042 |
| 课后感悟 | 043 |

## ▶▶ 热身：生涯比喻

头脑风暴：

如果做一个比喻的话，

**生涯**是什么……？

是爱情……？

### ※ 生涯三问

我是**谁**？
我要去**哪里**？
我打算**怎么去**？

我是**谁**？
我要**找谁**？
我打算**如何找**？

# 01 生涯是什么

❋ 1.1 生涯研究什么
❋ 1.2 生涯的特性
❋ 1.3 生涯的定义
❋ 1.4 生涯三要素

## 1.1 生涯研究什么

### ❋ 中国字源

- 生：生命或人生。涯：边界。
- 生涯：人生的边界，生命的历程。

搞定工作
事业成功

搞定生活
生活幸福

生涯 = 工作 + 生活

## ※ 生涯咨询与心理咨询

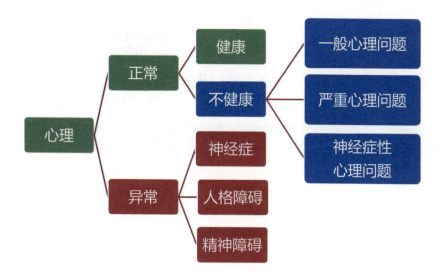

| 持续时间 | 痛苦程度 | 社会功能 | 得分 |
|---|---|---|---|
| 不到 3 个月 | 自控 | 轻微影响 | 1 分 |
| 大于 3 个月小于 1 年 | 外控 | 效率降低 | 2 分 |
| 1 年以上 | 不可控 | 阻碍 / 泛化 | 3 分 |

  3 分以下    生涯咨询
  4~5 分     心理咨询
  6 分以上    临床治疗

## ※ 生涯研究的内容

一个**身心健康**的人如何发展得更好，如何获得＿＿＿＿＿＿。

生涯教育与心理学密切相关，属于**积极心理**学范畴。

## ✳ 生涯发展历史

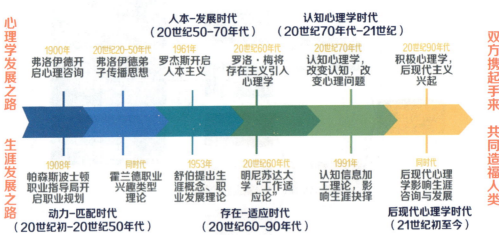

国外：

幼儿园——生涯体验

中　学——生涯规划

大　学——生涯探索

国内：

作为产品在市场上推广不到十年

目前最火——升学规划

# 1.2　生涯的特性

## ※ 外国字源

**Career**

n. 生涯，职业，事业，速度
adj. 作为毕生职业的
vi. 全速前进，猛冲

　　源自古罗马文"Via Carraria"及拉丁文"Carrus"，意指_____。

## ※ 生涯特性

战　车

未知：未来的一切都是不确定的！
冒险：任何决策都意味着承担责任！
奋进：做最好的准备，做最坏的打算！
向上：狭路相逢勇者胜！

## 1.3 生涯的定义

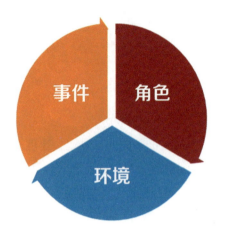

★ 生涯一词，确定并阐述了个体所涉及的各种角色、所处的各种环境以及在他们生活中所经历的各种有计划或者非计划的事件。

★ 生涯是生活里各种事态的连续演进方向。它统合了人一生中依序发展的各种职业和生活角色。

——舒伯，1976 年

生涯思考：
★ 你究竟想要什么？
★ 你是怎样一个人？
★ 你拥有什么资源？
★ 你期望成为怎样的人？
★ 为了成为你所期望的自己，你需要充实些什么，或付出些什么？
★ 如何才能在回顾时，对自己的生涯历程感到满意？

学习一种方法
让自己的一生过成自己满意的样子
Live in the way you want to live

## 1.4 生涯三要素

### ※ 角色

生涯统合了人一生依序发展的各种职业和生活角色。

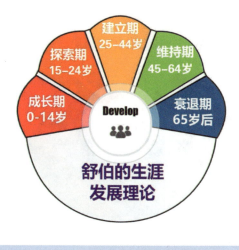

❀ 舒伯的生涯发展理论将生涯的过程视为从出生到死亡的 5 个阶段。

❀ 大学生的生涯发展阶段属于 _____。

**主要任务：**
❀ 从多种实践机会中探索自我。
❀ 逐渐确定职业偏好。
❀ 在所选定的领域中起步。

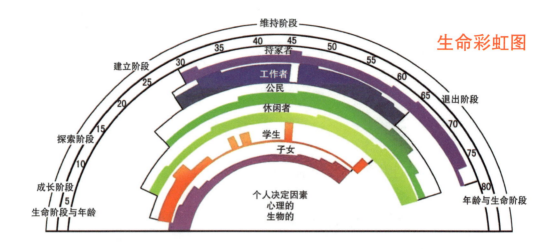

**生命彩虹图**

**绘制你的生命彩虹图**

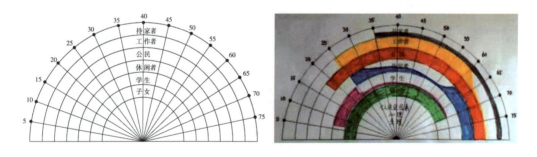

## ❋ 环境

★ 清楚环境的游戏规则与他人的底线。

★ 成功者才有可能改变规则，而失败者永远在抱怨规则。我们有无资格质疑规则？

★ 清楚他人的底线，避免"踩雷"。

## ✱ 事件

★ 生涯是生活里各种事态的演进方向和历程。它确定并阐述了生活中所经历的各种有计划或非计划的事件。

★ 有人把一生活成一天，有人则把一天活成一生。

★ 事件构成生命的厚度。

### 绘制你的生命线

这是生命的轨迹，亦是对此前的回忆，更是对未来的构想。每个人都有自己的蓝图，通过生命线，会更加清晰地了解自我，并把这份觉悟带入未来的生涯探索中。

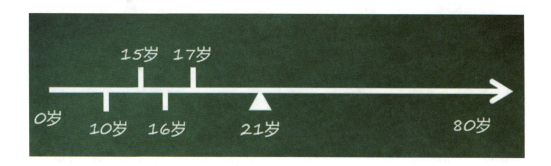

# 02 为何学生涯

✦ 2.1 目标的力量
✦ 2.2 规划的作用
✦ 2.3 我命由我不由天

## 2.1 目标的力量

### ※ 你是否有目标?

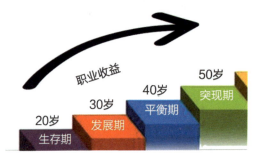

职业发展的4个阶段

★ 有长期清晰的职业目标?
★ 有短期清晰的职业目标?
★ 有模糊的职业目标?
★ 什么目标都没有?

当一个人的生涯发展**有目标**时，他就容易**集中**所有的**能量和资源**去实现，**成功**的可能性也会更大。

哈佛大学的调查

3% 的人：有清晰的长远目标。
10% 的人：有清晰但比较短期的目标。
60% 的人：只有一些模糊的目标。
27% 的人：没有目标。

25 年后……

那 3% 的人基本成为社会各界的精英、领袖。
那 10% 的人基本是各专业领域的成功人士，事业有成。
那 60% 的人基本成为社会大众群体，平凡地生活着。
那 27% 的人生活不如意，工作不稳定，抱怨社会不公平。

## 2.2　规划的作用

※ 职业生涯规划的三大核心作用

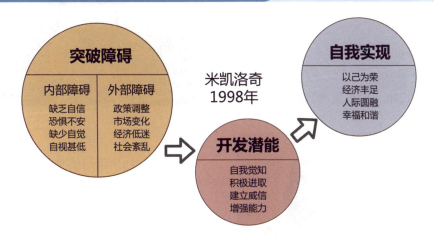

## 2.3　我命由我不由天

※ 火箭发射器的直径

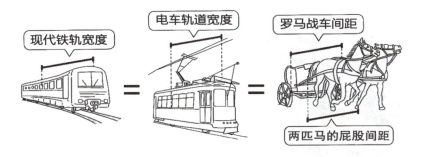

- 火箭发射器直径是 4 英尺 8.2 英寸？
- 火车这么宽
- 铁轨这么宽
- 古代车辙这么宽
- 两匹马的屁股就这么宽

- 十年后的你……
- 五年后的你……
- 三年后的你……
- 两年后的你……
- 一年后的你……
- 今天的你……

## ❋ 路径依赖

人们过去做出的选择和付出的努力决定了他们现在及未来可能的选择。
- 学校的选择
- 专业的选择
- 职业的选择

……………

机会成本：最小成本，最大收获。

你现在的生活可能是你不想要的，却是配得上你的。

未来我想过上我想要的生活，当下我该做什么？

## ❋ 我的生涯我做主

你要搞清楚自己人生的剧本——不是你父母的续集，不是你子女的前传，更不是你朋友的外篇。对待生命你不妨大胆冒险一点，因为终究你要失去它。

——尼采

# 03 如何探生涯

❋ 3.1 便捷式
❋ 3.2 六步法
❋ 3.3 八字诀
❋ 3.4 抓重点

## 3.1 便捷式

- 自然发生法
- 目前趋势法
- 薪金定向法
- 刻板定向法
- 橱窗游走法
- 假手他人法

## 3.2 六步法

生涯规划步骤

1 觉知与承诺
2 认识 ___
3 认识工作世界
4 决策
5 行动
6 再评估成长
六步走

在这个阶段，你已了解到生涯规划的重要性和作用，并愿意花时间来规划自己的生涯。

但也要了解：有时我们所播下的种子，未必能马上发芽。

要对生涯规划有合理的预期。

系统化职业规划是一个"从内而外"的过程。

因此，在做职业规划时，你要先认识自己，诚实自问：

- 我的兴趣是什么？
- 我的性格有哪些特点？
- 我愿意在工作中使用哪些技能？
- 我最渴望从工作中获得什么？
- 哪些东西是我生命中不能缺少的？我最看重什么？

工作世界信息和自我信息是生涯规划中重要和基础的部分。对工作世界的探索具体包括：

- 专业与职业的关系。
- 工作世界的宏观发展趋势。
- 具体职业对工作人员的要求、条件和待遇等。
- 继续教育方面的选择。

决策是综合整理和评估信息的部分。做决策时有可能因信息不全而回到前面几个步骤。

具体内容包括：

- 综合与评估信息。
- 目标设立与计划。
- 处理决策过程中的各种问题：生涯信念、障碍。

行动是将全部的探索和思考落实的阶段。
学生要通过行动来实现自己设立的工作目标。
行动通常包括：
- 具体的求职过程。
- 制作简历、面试。
- 也有可能在与现实的接触过程中，你对自己有新的发现，由此对生涯发展有新的思考。

生涯规划是一个循环的过程，需要一辈子来探索。
本部分具体内容包括：
- 走进职场。
- 管理生涯规划——生涯规划档案。

## 3.3　八字诀

生涯规划 = 知己 + 知彼 + 决策行动

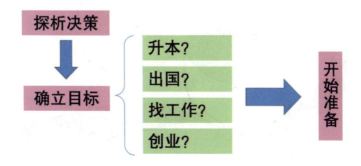

## 3.4 抓重点

一个核心：我是谁
- 我适合做什么（性格）
- 我为什么去做（价值观）　　知己
- 我喜欢什么（兴趣）
- 我能做到吗（能力）

三个努力方向
- 我要去哪（目标分析）　　知彼
- 我如何到（生涯计划）　　决策
- 我要做什么（生涯行动）　　行动

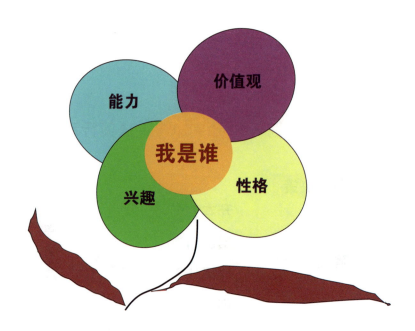

第一单元 生涯唤醒

你爱自己的深度决定了事业的高度

生涯之门一旦打开

精彩人生纷至沓来

## 课后作业

### ※ 团队作业

第一组做好下周汇报准备。

### ※ 个人作业

（优学院自愿完成作业）

（1）"生命彩虹图"体验练习。

（2）"我的生命线"体验练习。

动画12301班　蔡明明绘

## 课后感悟

第_____次课　　　　　　　　_____年____月____日

**要**（你记得的要点）

_____
_____
_____
_____

**感**（你的感触、感悟、感动点）

_____
_____
_____
_____

**动**（你的改进行动）

_____
_____
_____
_____

# 第二单元
## 兴趣探索（上）

生涯探索课

# 课前十分钟

## ※ 职业探索

第一团队

创意集体海报
生涯人物访谈

## ※ 评分标准

| 创意海报作品 | 文字：题头有班级名，个人有姓名与亮点<br>图片：脸清晰，造型有寓意与创意；JPG 格式；班级留存 | 30 分 |
|---|---|---|
| 人物访谈报告 | 按模板要求完成访谈报告，以 PPT 形式展现 | 30 分 |
| 作品提交优学院 | 文件命名（5）：班级名+应到人数+实到人数+缺席者姓名（海报）<br>　　　　　　　　班级名+主创姓名（PPT）<br>截止时间（5）：第 11 周周日 19 点 | 10 分 |
| 演讲汇报 | 1. 登台亮相（5）：全体登台或打开摄像头，自述优势或测评码<br>2. 主创汇报（10）：主创代表组员汇报海报寓意及生涯人物访谈报告（限 10 分钟，听得清，易理解）<br>3. 主创答辩（10）：主创，任务与成长<br>4. 巩固抢答（5）：全体参与，5 题全对 | 20~30 分 |

# 巩固抢答

- 生涯规划意义

- 生涯调研

- 生涯三要素

- 生涯事件

- 生涯如何规划

## 自我探索

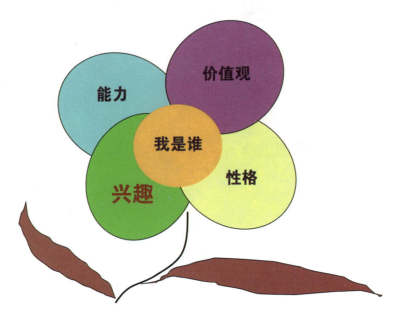

## 第二单元  兴趣探索

我喜欢做什么？

我对什么工作感兴趣？

- 有的人兴趣十分模糊。
- 有的人兴趣过于广泛，但是不持久。
- 有的人兴趣明显，却由于某种原因选择了一个与自己兴趣不相符的专业。

想知道：
- 怎样了解自己的兴趣。
- 如何找到自己的兴趣。
- 怎样将自己的兴趣与未来的职业结合起来。

第二单元 兴趣探索（上）

# 目录 contents

● **01 兴趣与生涯**　　050

　1.1　兴趣的定义　　050
　1.2　兴趣的特点　　051
　1.3　兴趣的意义　　052

● **02 霍兰德理论**　　054

　2.1　兴趣游戏　　054

**课后作业**　　056

**课后感悟**　　058

# 01 兴趣与生涯

❋ 1.1　兴趣的定义
❋ 1.2　兴趣的特点
❋ 1.3　兴趣的意义

## 1.1　兴趣的定义

❋ 学术版

➤ 兴趣是指人们以特定的事物或活动为对象，所产生的＿＿＿＿、带有＿＿＿＿和＿＿＿＿的态度和情绪。

## ※ 通俗版

> 兴趣是无论我们能力强弱，也无论外界评价如何，我们都依然乐此不疲的事情。

> 兴趣是那件让你白天痛苦地想、晚上睡不好、早上五点爬起来，一边苦笑着自嘲，一边咧着嘴干完的事情。
> ——古典

## 1.2 兴趣的特点

山就在那里
乔治·马洛里

真实体验
全情投入
过程导向
能量向上

## 1.3 兴趣的意义

### ❋ 兴趣是幸福的来源

#### 人在什么时候感到最幸福

芝加哥大学心理学教授米哈里（Mihaly）发现：当人们在专心致志地、积极地从事某种活动而忘记了时空和自己的时候，他们感到最为愉快和满足。这种状态被称为"FLOW"（_____）——"聚精会神""忘我"的状态。

兴趣是进入（inter）某项活动后，产生的高峰（est）体验。

**Flow：流动、沉浸、心流**

➢ 你可以专心致志的事情
➢ 你曾经废寝忘食的时候
➢ 你感受过的忘我的状态

#### 什么时候，你感到最为快乐？

◆ 人们的满足感、幸福感往往来源于从事某种活动，而不是无所事事或单纯游玩。
◆ 做自己喜爱的事情，才能活得快乐，而这也是工作原本的意义所在。因为对大多数人而言，工作占据的是他们一生之中或者一天之中最好的时光。

**一生中最大的幸福是找到自己想做的事，能以自己选择的方式生活。**

## ※ 兴趣是工作的动力

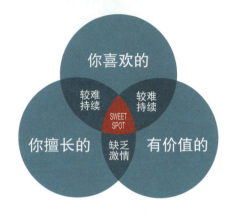

模型源自大卫·波拉德（David Pollard）的 *Finding the Sweet Spot*

兴趣会影响到工作满意度、职业稳定性和职业成就感。

**一个人能从事自己感兴趣的工作，人生便是天堂。**

**好的人生：** 找到自己热爱的领域，在其中全力以赴，却又能对结果一笑而过，无怨无悔。

1. 找到了吗？写在讨论区。
2. 未找到？附录1里探。
3. 还未找到？起码先找到你的兴趣类型。

# 02 霍兰德理论

❋ 2.1 兴趣游戏

## 2.1 兴趣游戏

❋ 分院帽

| | | |
|---|---|---|
| R | 动手学院 | 研究学院 | I |
| C | 细节学院 | 创意学院 | A |
| E | 管理学院 | 助人学院 | S |

你想加入哪个学院？请选择相同的同学坐在一起！

### 分院帽如是说

R 动手学院（Doer）：喜欢体力活和技术活，喜欢动手操作机械和仪器。

I 研究学院（Thinker）：喜欢脑力活，喜欢抽象思考和逻辑分析。

A 创意学院（Creator）：喜欢艺术，喜欢自由、创意地表达自我。

S 助人学院（Helper）：喜欢社交，喜欢与人接触和互助。

E 管理学院（Persuader）：喜欢权力，喜欢领导、冒险和竞争。

C 细节学院（Organizer）：喜欢安定和秩序，喜欢顺从和处理细节。

姓名：汪艺文
班级：环艺20301
系部：数字艺术系
主题：盘荷

# 课后作业

## ※ 个人互评作业：生涯测评

测一测

操作路径：关注"生涯研习社"公众号—免费测评—更多测评。完成以下四项测评：

1. 霍兰德职业倾向测评。
2. MBTI 职业性格测试。
3. 可迁移能力测评（通用版）。
4. 职业价值观测评。

霍兰德职业
倾向测评

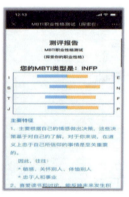
MBTI 职业
性格测试

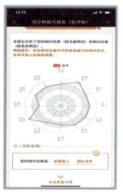
可迁移能力测评

职业价值观测评

◆ 在线完成四项测评，生成结果并截图，以附件形式上传。
◆ 上交要求：本周日 19 点前上交至优学院个人作业端口，并开始互评。
◆ 互评要求：下周上课前完成互评。

## ✳ 团队自愿作业：霍兰德代码钻石海报图

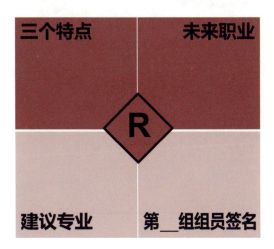

中心：霍兰德首代码。

四角：

1. 三个特点

   这个代码人的三个共同特质。

2. 未来职业

   这个代码人适合从事的职业。

3. 建议专业

   这个代码人适合的专业。

4. 组员签名

   这个代码本组参与人签名。

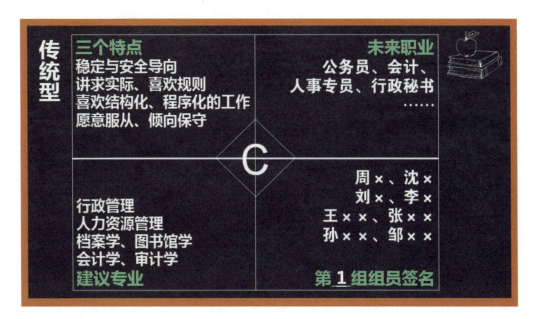

- 以小组为单位，完成兴趣类型钻石海报。
- 上交要求：本周日 19 点前上交至优学院小组作业端口，并开始互评。
- 互评要求：下周上课前完成互评。

## ▶▶ 课后感悟

第_____次课　　　　　　　　　　_____年___月___日

**要**（你记得的要点）

_____
_____
_____

**感**（你的感触、感悟、感动点）

_____
_____
_____
_____

**动**（你的改进行动）

_____
_____
_____
_____

# 第二单元
## 兴趣探索（下）

生涯探索课

# 课前十分钟

## ❋ 职业探索

第二团队

创意集体海报
生涯人物访谈

## ❋ 评分标准

| | | |
|---|---|---|
| 创意海报作品 | 文字：题头有**班级名**，个人有**姓名**与**亮点**<br>图片：脸清晰，造型有寓意与创意；JPG格式；**班级留存** | 30分 |
| 人物访谈报告 | 按模板要求完成访谈报告，以PPT形式展现 | 30分 |
| 作品提交优学院 | 文件命名（5）：班级名＋应到人数＋实到人数＋缺席者姓名（海报）；<br>班级名＋主创姓名（PPT）<br>截止时间（5）：第11周周日19点 | 10分 |
| 演讲汇报 | 1. 登台亮相（5）：全体**登台**或**打开摄像头，自述优势**或**测评码**<br>2. 主创汇报（10）：主创代表组员汇报海报寓意及生涯人物访谈报告（限8分钟，听得清，易理解）<br>3. 主创答辩（10）：主创，任务与成长<br>4. 巩固抢答（5）：全体参与，**5题全对** | 20~30分 |

第二单元　兴趣探索（下）

# 巩固抢答

什么是兴趣

兴趣的意义

兴趣的意义

霍兰德理论

霍兰德理论

061

# 目录 Contents

## 02 霍兰德理论 — 063
- 2.2 霍兰德代码 — 063
- 2.3 我的兴趣代码 — 070

## 03 应用与解惑 — 071
- 3.1 霍兰德理论的应用 — 071
- 3.2 答疑与解惑 — 072

**课后作业** — 077

**课后感悟** — 078

# 02 霍兰德理论

✿ 2.2 霍兰德代码
✿ 2.3 我的兴趣代码

## 2.2 霍兰德代码

| | |
|---|---|
| 实用型（动手）—R | Realistic |
| 研究型（研究）—I | Investigation |
| 艺术型（创意）—A | Artistic |
| 社会型（助人）—S | Social |
| 企业型（管理）—E | Enterprising |
| 事务型（细节）—C | Conventional |

📁 约翰·霍兰德
📁 美国约翰·霍普金斯大学心理学教授，著名职业指导专家
📁 1959年提出了具有广泛社会影响的_____理论
📁 霍兰德认为人格可分为实用型、研究型、艺术型、_____、企业型和事务型六种类型。

### ✵ 拍照上传：霍兰德代码钻石海报图

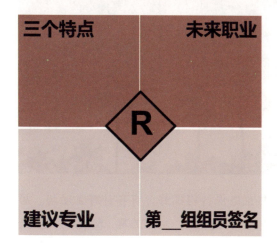

中心：霍兰德首代码
四角：

1. **三个特点**
   这个代码人的三个共同特质。

2. **未来职业**
   这个代码人适合从事的职业。

3. **建议专业**
   这个代码人适合的专业。

4. **组员签名**
   这个代码本组参与人签名。

## ※ 实用型（R）

### 特点

- 擅长使用工具，动手能力强。
- 务实安静，更喜欢与物打交道。
- 擅长 DIY。

### 常见职业

工程师、机械师、运动员、特技演员、厨师、工艺设计师、手术师。

### 建议专业

电气工程、机械设计及其自动化、园艺、土木工程、建筑学、医学、体育专业等。

1号岛屿：自然原始的岛屿。岛上自然生态保持得很好，有各种野生动物。居民以手工见长，自己种植花果蔬菜、修缮房屋、打造器物、制作工具，喜欢户外运动。

## ※ 研究型（I）

**特点：**

- 追求真知、执着冷静。
- 喜欢钻研、客观抽象。
- 擅长学习、独立智慧。

**常见职业：**

程序员、基础学科研究员、文史哲研究员、项目研发员、企业咨询师、分析师。

**建议专业：**

数学、物理、生物、化学、软件技术、哲学等。

2号岛屿：深思冥想的岛屿。岛上有多个天文馆、科技博览馆及图书馆。居民喜好观察、学习，崇尚和追求真知，常有机会和来自各地的哲学家、科学家、心理学家等交流心得。

## ※ 艺术型（A）

特点：
- **创意表达。**
- 追求美、自由、变化。
- 个性张扬、内省、敏感。

常见职业：

编辑、作家、音乐人、厨师、自由职业者、演员、艺术家、手工艺人。

建议专业：

摄影、表演、播音与主持、广播电视编导、美术、雕塑、工业设计等。

3号岛屿：美丽浪漫的岛屿。岛上有多个美术馆、音乐厅，还有不少街头雕塑和街边艺人，弥漫着浓厚的艺术文化气息。居民保留了传统的舞蹈、音乐与绘画兴趣。许多文艺界的朋友都喜欢来这里找寻灵感。

## ✷ 社会型（S）

特点：

- 乐于助人。
- 喜欢与社会互动，对人感兴趣。
- 良好的人际交往技能，敏感的关系体验。

常见职业：

教师、护士、社工、人事专员、心理咨询师。

建议专业：

师范、护理、社会工作、思想政治教育管理、心理学等。

4号岛屿：友善亲切的岛屿。居民个性温和、友善、乐于助人。社区均自成一个密切互动的服务网络。人们重视互助合作，重视教育，关怀他人，充满人文气息。

## ※ 企业型（E）

**特点：**

- 善于说服人、影响人。
- 不惧压力，不畏挑战。
- 追求效率，看重结果。

**常见职业：**

销售专员、市场专员、管理者、银行理财经理、创业者、律师、政治家。

**建议专业：**

工商管理、市场营销、法律、政治类专业等。

5号岛屿：显赫富庶的岛屿。居民善于企业经营和贸易，能言善道。岛上有很多高级饭店、俱乐部、高尔夫球场。来往者多是企业家、经理人、政治家、律师等。

## ✱ 事务型（C）

特点：
- 喜欢有条理、程序化的工作。
- 遵守规则，执行力强。
- 有组织，有计划。

常见职业：
  公务员、行政专员、人事专员、客服、统计员、调查员、会计、风险管理师。

建议专业：
  会计学、审计学、档案学、图书馆学、人力资源管理、行政管理等。

  6号岛屿：现代、井然有序的岛屿。岛上建筑十分现代化。该岛以完善的户政管理、地政管理、金融管理见长。岛民个性冷静保守，处事有条不紊，善于组织规划，细心高效。

## 2.3 我的兴趣代码

### ※ 确认你的霍兰德代码

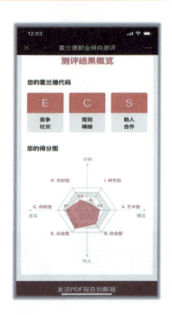

测一测

- 单编码：R, I, A, S, E, C
- 双编码：RI, RA, EA, ES……
- 三编码：ISA, EAS, CRI……

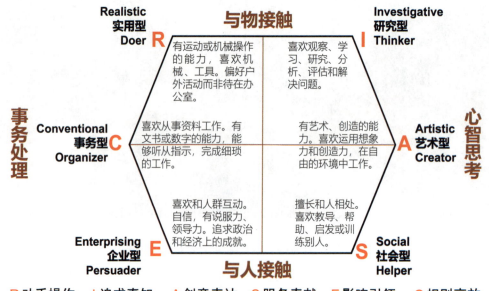

R 动手操作　　I 追求真知　　A 创意表达　　S 服务奉献　　E 影响引领　　C 规则高效

# 03 应用与解惑

✲ 3.1　霍兰德理论的应用
✲ 3.2　答疑与解惑

## 3.1　霍兰德理论的应用

1 工程师　实用型

2 研发人员　研究型

3 艺术从业者　艺术型

4 抗疫英雄　社会型

5 企业家　企业型

6 财务人员　事务型

你的霍兰德代码匹配什么职业？
附录 2 里探。

## 3.2 答疑与解惑

### ※ 我的觉察

我喜欢我的专业吗?
我会从事专业对口的工作吗?

投票:
我喜欢我的专业吗?

### ※ 理想状态：完全匹配

一个人能从事自己感兴趣的工作，那么，人生便是天堂。

理想工作 = ____ + ____ + ____

## ※ 现实问题 1

老师，我不喜欢本专业，我喜欢别的专业，怎么办？

## ※ 方案 1：部分匹配——换岗不换行

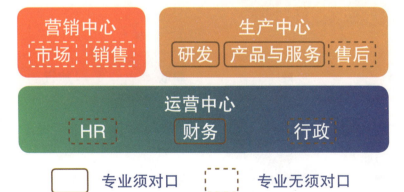

- 学了工科专业不代表日后一定要去做专业领域内的技术工作。
- 工科专业领域的企业也有市场、销售、售后、人力资源管理、行政管理等职能。

## ※ 方案2：从生活中找平衡

不能部分匹配，则可实现工作与生活的"平衡"或成为"斜杠青年"。

工作并不是体现兴趣的唯一途径。我们可以在业余时间努力实现工作与生活的平衡。

兴趣也可以通过兼职、志愿活动、参加社团、业余爱好等多种方式来实现。

## ※ 方案3：养大兴趣

| 类型 | 吃 | 唱歌 | 旅行 |
|---|---|---|---|
| 感官兴趣 | "吃货" | "麦霸" | 旅行爱好者 |
| 自觉兴趣 | 美食家 | 票友 | 旅行家 |
| 志趣 | 饮食评论家 | 歌手 | 旅行博主 |

兴趣 ↕ 职业兴趣

**专家级**（卓越，1万小时定律）

**职业级**（靠兴趣挣钱）

**票友级**（专业水平，未脱离原职业）

**业余级**（独到见解）

**入门级**（基础知识）

兴趣变职业的奥秘

真正爱上一件事情，就像爱上一个人。

爱一个人是去呵护，去理解，一起成长，努力配得上。

爱上一件事情也是一样：去做，去研究，去打磨，去深造。这才是兴趣真正的样子！

刻意练习<br>Practice makes perfect

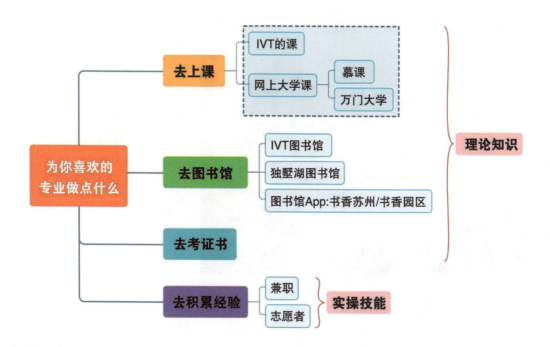

## ※ 现实问题 2

老师，我**不喜欢本专业**，我也**没有**喜欢的专业，怎么办？

## ※ 方案 1：寻找兴趣

- ➢ 白日梦
- ➢ 快乐经历
- ➢ 崇拜人物
- ➢ 爱好杂志
- ➢ …………
- ➢ 共同点提炼

## ❋ 方案2：培养兴趣

　　想要拥有一个充实的人生，你只有两种选择：一种是从事自己喜欢的工作，另一种是让自己喜欢上工作。
　　　　　　　　　　　　　　　　　　　　　　　　　　　　——稻盛和夫

　　如果你没有别的兴趣，请将专业培养为兴趣。
　　兴趣是一种情绪，是一种自我管理技能，而不是天生的基因。

# ▶ 课后作业

## ❋ 个人互评作业：自由书写

　　从兴趣维度，用霍兰德代码分析自己是一个什么样的人，想过怎样的生活。亦可谈谈是否喜欢当下的专业，如果不喜欢会怎么做。
　　上交要求：本周日19点前上交至优学院作业端口，并开始互评。
　　互评要求：下周课前完成互评。

## ▶▶ 课后感悟

第_____次课　　　　　　　　　　_____年___月___日

**要**（你记得的要点）

_____
_____
_____
_____

**感**（你的感触、感悟、感动点）

_____
_____
_____
_____

**动**（你的改进行动）

_____
_____
_____
_____

# 第三单元
## 性格探索

生涯探索课

# 课前十分钟

## ※ 职业探索

第三团队

创意集体海报
生涯人物访谈

## ※ 评分标准

| 创意海报作品 | 文字：题头有班级名，个人有姓名与亮点<br>图片：脸清晰，造型有寓意与创意；JPG 格式；班级留存 | 30 分 |
|---|---|---|
| 人物访谈报告 | 按模板要求完成访谈报告，以 PPT 形式展现 | 30 分 |
| 作品提交优学院 | 文件命名（5）：班级名＋应到人数＋实到人数＋缺席者姓名（海报）；<br>　　　　　　　班级名 ＋ 主创姓名（PPT）<br>截止时间（5）：第 11 周周日 19 点 | 10 分 |
| 演讲汇报 | 1. 登台亮相（5）：全体登台或打开摄像头，自述优势或测评码<br>2. 主创汇报（10）：主创代表组员汇报海报寓意及生涯人物访谈报告（限 10 分钟，听得清，易理解）<br>3. 主创答辩（10）：主创，任务与成长<br>4. 巩固抢答（5）：全体参与，5 题全对 | 20~30 分 |

# 巩固抢答

- 霍兰德理论

- 霍兰德理论

- 应用与解惑

- 应用与解惑

- 应用与解惑

## ▶▶ 作业点评

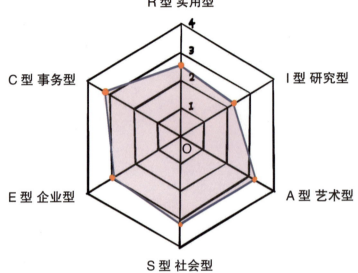

➤ 你的霍兰德代码是什么?

➤ 从兴趣维度看,你是一个怎样的人?

## ▶▶ 自我探索

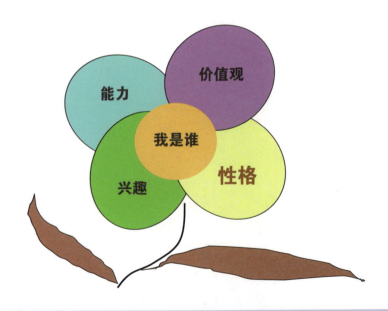

# 第三单元　性格探索

我是什么样的人

我为人处世的风格

> 有的人不清楚从性格的角度如何选择适合的专业和工作。
> 有的人对自己的性格有这样或那样的不满，担心性格影响未来发展，又不知道性格能否改变。

**想知道**
- 怎样了解自己的性格。
- 性格和职业有怎样的关系。

# 目录 contents

## 01 什么是性格   085
- 1.1 性格游戏   085
- 1.2 性格定义   086

## 02 MBTI 性格类型   087
- 2.1 MBTI 简介   087
- 2.2 四维八极   089
- 2.3 十六类   093

## 03 性格与生涯   095
- 3.1 MBTI 与职业   095
- 3.2 MBTI 与人际   097
- 3.3 MBTI 与恋爱   098

**课后作业**   099

**课后感悟**   100

# 01 什么是性格

❋ 1.1　性格游戏
❋ 1.2　性格定义

## 1.1　性格游戏

### ❋ 签名活动

- 请拿出一张白纸，在纸上写下自己的名字。
- 请换一只手，再次在纸上写下自己的名字。

## 1.2 性格定义

### ※ 学术版

- 性格是人对现实的稳定态度和习惯化行为方式的总和，表现为个体独特的心理特征。
- 性格是每个人在其成长经历中，受到生理、遗传、家庭教养、文化、学习经验等因素的交互作用，从而形成的独特个性，在不同的情境中表现出特定的气质。先天还是后天？
- 性格中的态度和行为倾向可以发生改变，但那是一个巨大的"能量消耗"的过程。可变？
- 认定者是自己。矛盾怎么办？

### ※ 通俗版

性格是摘掉面具后的你。英文翻译 _____。

性格类型无好坏。

人格（Personality）：个人适应环境的独特的身心体系。Personality 这个词源于拉丁语 Persona，是指演员在舞台上戴的面具。

**人生如戏，全靠演技——人格完善**

# 02 MBTI 性格类型

❄ 2.1　MBTI 简介
❄ 2.2　四维八极
❄ 2.3　十六类

## 2.1　MBTI 简介

### 建筑师型
人格
INTJ-A/INTJ-T

**建筑师型人格**

人们常说，高处不胜寒。建筑师型人格是人数最少且战略能力最强的人格之一。建筑师们对此深有体会。他们仅占人口的 2%，女性则更为稀少，只有 0.8%。这让他们很难找到志同道合，能够与其过人的智慧和审慎的思考方式比肩的同类。建筑师型人格类型的人想象力丰富却又很果断，有雄心壮志但注重隐私，充满好奇心但从不浪费精力。

谷爱凌带火了 MBTI

## Myers–Briggs Type Indicator（MBTI）
## 迈尔斯 – 布里格斯类型指标

卡尔荣格
《心理类型学》
1921 年

（女）伊莎贝尔·布里格斯·迈尔斯
（Isabel Briggs Myers）

（母）凯瑟琳·库克·布里格斯
（Katharine Cook Briggs）

---

★ 全球最著名和权威的性格测试。
★ 世界五百强的企业有 80% 都应用 MBTI。
★ 美国最顶尖的学校，只要涉及和团队合作以及创业创新相关的课程，都会让学生做 MBTI 测试。

★ 理解人的一种方式。
★ 一个工具。
★ 读懂自己，读懂他人。

★ 让你成为一个更完善的人。
★ 让你理解人与人之间的差异性。
★ 让你知道如何在短时间内给一个人留下好印象。
★ 让你拥有一个美好的恋人。
★ 让你和家人理解彼此、亲近彼此。
★ 让你用新的视角看待一个群体。

---

❀ MBTI 衡量个人类型偏好（preference）：
❀ 所谓"偏好"，是一种天生的倾向性，是一种特定的行为和思考方式。
❀ 这些偏好与倾向并 _____ 之分，却使人与人之间产生了区别。

## 2.2　四维八极

**1. 能量倾向**
外倾（__）Extroversion
内倾（__）Introversion

**3. 决策判断**
思考（T）Thinking
内向（F）Feeling

**MBTI**

**2. 接受信息**
感觉（S）Sensing
直觉（N）Intuition

**4. 采取行动**
判断（J）Judging
知觉（P）Perceiving

### ※ 能量倾向：E 还是 I

请根据你的第一反应，选择你最舒服的日常表现：

| | |
|---|---|
| A. 热情洋溢 | B. 含蓄内敛 |
| A. 乐于主动表达 | B. 沟通相对被动 |
| A. 更爱热闹 | B. 更爱安静 |
| A. 和很多人广泛地交往 | B. 朋友少但友谊深厚 |
| A. 容易同大多数人交谈 | B. 和某些人才有话可说 |

| 外倾 E（Extroversion） | 内倾 I（Introversion） |
|---|---|
| ☐ 听、说、想同时进行 | ☐ 先听，后想，再说 |
| ☐ 语速快，嗓音大 | ☐ 语速慢，语调平稳 |
| ☐ 注意力容易分散 | ☐ 注意力很集中 |
| ☐ 喜欢人多的场合 | ☐ 喜欢独自消磨时间 |
| ☐ 关注问题的广度，兴趣广泛 | ☐ 关注问题的深度，兴趣专注 |
| ☐ 用实操或讨论方式学得好 | ☐ 用在头脑中练习的方式学得好 |
| ☐ 工作、生活都积极主动 | ☐ 面对有意义事件时积极主动 |
| ☐ 注意力指向外部世界 | ☐ 注意力指向自己的内心世界 |
| ☐ 能量从与人交往中得到修复 | ☐ 能量从一个人独自思考中得到修复 |

↑非常清晰　↑清晰　↑中等　↑不明显　↑中等　↑清晰　↑非常清晰

内倾  不会说
人际关系差

## ※ 接受信息：S 还是 N

## 感觉 S（Sensing）

- ☐ 通过五感获取信息
- ☐ 相信自己的经验
- ☐ 关注具体的事实
- ☐ 关注细节，讲求精准
- ☐ 着眼于当前的实际
- ☐ 思维连贯
- ☐ 喜欢从事实际性工作

## 直觉 N（Intuition）

- ☐ 通过第六感获取信息
- ☐ 相信自己的灵感
- ☐ 关注事实背后的意义感受
- ☐ 关注全貌，讲求大略
- ☐ 着眼于未来的可能
- ☐ 思维跳跃
- ☐ 喜欢从事创造性工作

↑非常清晰 ↑清晰 ↑中等 ↑不明显 ↑中等 ↑清晰 ↑非常清晰

## ※ 决策方式：T 还是 F

### 你该如何决策？

❋ 某所军校规定，学员被发现吸烟三次就要被勒令退学。有一名学生已经两次被发现抽烟。假如你是这所军校主管学生工作的老师，你和他认真地谈了一次话，警告他如果再有一次将被开除。

❋ 现在，这名学生在即将毕业的时候被发现第三次吸烟。你会怎么办？为什么？

A：开除。我已经和他谈过了事情的严重性，但他一犯再犯。制度就是制度。我一定会开除他，否则再出现类似的事情就没法管了，这样做对其他学生也是一种公平。 **T**

B：不开除。我会再找他谈谈，问问他再次抽烟的原因是什么。考虑到他马上就要毕业，这时候开除他有点可惜，对他前途的影响比较大，所以我会和他谈谈问题的严重性，并告诫他以后类似的事情不要再犯。 **F**

C：开除。虽然他马上就毕业了，现在开除他对他影响很大，但是如果这次不给他教训，让他有了侥幸的心理，那么他下次遇到类似的事情还可能会犯错，而这样容易让他养成对自己的行为不负责任的习惯，不利于他的成长。但在开除他之前，我会好好和他谈谈原因，希望他能够吸取教训。 **F**

### 思考 Thinking（T）

- ☐ 原则，规范
- ☐ 客观，公正
- ☐ 批评，言语平实
- ☐ 理智，冷酷
- ☐ 果断
- ☐ 情有可原，法不容恕
- ☐ 人际关系不敏感

### 情感 Feeling（F）

- ☐ 价值，人情
- ☐ 主观，仁慈
- ☐ 表扬，言语委婉
- ☐ 共情，温暖
- ☐ 纠结
- ☐ 法不容恕，情有可原
- ☐ 避免纷争，创建和谐

↑非常清晰 ↑清晰 ↑中等 ↑不明显 ↑中等 ↑清晰 ↑非常清晰

## ✳ 行动方式：J 还是 P

### 判断 Judging（J）

- ☐ 计划明确，井然有序
- ☐ 遵守规则与制度
- ☐ 保守、谨慎
- ☐ 急于完成工作
- ☐ 擅长归整，环境干净
- ☐ 执行类工作
- ☐ 力图避免最后一分钟完成任务的压力

### 知觉 Perceiving（P）

- ☐ 灵活开放，保持弹性
- ☐ 不愿被束缚
- ☐ 随意、自然
- ☐ 喜欢开始一项工作
- ☐ 喜欢随意自由的环境
- ☐ 创意类工作
- ☐ 最后一分钟的压力使得效率倍增

↑非常清晰 ↑清晰 ↑中等 ↑不明显 ↑中等 ↑清晰 ↑非常清晰

## 2.3 十六类

| | |
|---|---|
| **SJ**<br>保守 | **SP**<br>经验 |
| **NT**<br>概念 | **NF**<br>理想 |

### ※ SJ 型：保守主义

ESTJ "事务料理家"
　　 完美，管理，效率，控制，有原则
ESFJ "热情主动地帮别人把事情做好"
　　 热情，有活力，友好，细致，有条理
ISTJ "细致、谨慎地做好自己的工作"
　　 平实，谨慎，严肃，可靠，务实
ISFJ "我会忠于自己的责任和义务"
　　 奉献，忠诚，少言，富有同情心，责任心

### ※ SP 型：经验主义

ESTP "不断尝试新挑战"
　　 好奇，冒险，思路开阔
ESFP "有我在，就有笑声"
　　 爱热闹，爱玩耍，随意，乐观，和事佬
ISTP "用我所具备的，做到最好"
　　 平静地思考，直接，诚实，实用主义
ISFP "强烈的个人理想和价值观念"
　　 温和，敏感，谦逊，耐心，有丰富的内心世界

## ❋ NT 型：概念主义

**ENTJ** "一切顺利，因为我一手掌握"
　　　　信任，尊敬，坦率，有领导力
**ENTP** "总有一些新点子"
　　　　自信，机智，有感染力
**INTJ** "能力 + 独立 = 完美"
　　　　敏锐观察，入木三分，有远见，富于批判精神
**INTP** "聪颖机智地解决问题的人"
　　　　抽象，复杂，独立，有创造性

## ❋ NF 型：理想主义

**ENFJ** "公共关系专家"
　　　　促进关系和谐，善解人意，善于说服
**ENFP** "天底下没有不可能的事情"
　　　　自由，率性，情绪强烈，富有活力
**INFJ** "基于博爱的理想，关怀他人"
　　　　有理解力，有同情心，有责任心，精神领袖
**INFP** "活在自己的理想世界"
　　　　崇尚内心平和，理想化，有独创性，包容

## ❋ 你是哪一类？

### 测评报告

MBTI 职业性格测试
（探索你的职业性格）

你的 MBTI 类型是：ENFP

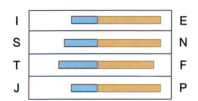

**讨论区：确定你的 MBTI 编码**

正式评估与非正式评估

# 03 性格与生涯

※ 3.1　MBTI 与职业
※ 3.2　MBTI 与人际
※ 3.3　MBTI 与恋爱

## 3.1　MBTI 与职业

| | | | |
|---|---|---|---|
| **ISTJ**<br>Inspector<br>稽查员 | **ISFJ**<br>Protector<br>保护者 | **INFJ**<br>Counselor<br>咨询师 | **INFP**<br>Healer/Tutor<br>治愈者/导师 |
| **ESTJ**<br>Supervisor<br>督导者 | **ESFJ**<br>Provider/Seller<br>供给者/销售员 | **ENFJ**<br>Teacher<br>教师 | **ENFP**<br>Advocator/<br>Motivator<br>倡导者/激发者 |
| **ISTP**<br>Operator/<br>Instrumentor<br>操作者/演奏者 | **ISFP**<br>Composer/Artist<br>作曲家/艺术家 | **INTJ**<br>Mastermind/<br>Scientist<br>智多星/科学家 | **INTP**<br>Architect/Designer<br>建筑师/设计师 |
| **ESTP**<br>Promotor<br>发起者/创设者 | **ESFP**<br>Perfomer/<br>Demostrator<br>表演者/演示者 | **ENTJ**<br>FieldMashall/<br>Mobilizer<br>统帅/调动者 | **ENTP**<br>Inventor<br>企业家/发明家 |

象限标注：SJ、NF、SP、NT

### SJ 型：保守主义

ESTJ　管理者，行政管理者，执法者
ESFJ　教育者，健康护理者，宗教工作者
ISTJ　管理者，行政管理者，执法者，会计
ISFJ　教育者，健康护理者，宗教工作者

尽职的
悲观的
安全

实际的
乐观的
刺激

### SP 型：经验主义
- ESTP　市场专员，商人，执法者，应用技术人员
- ESFP　健康护理者，教育者，教练，儿童保育员
- ISTP　技术员，农业工作者，执法者，军人
- ISFP　健康护理者，商人，执法者

### NT 型：概念主义
- ENTJ　管理者，领导者
- ENTP　科研人员，管理者，技术员，艺术工作者
- INTJ　科技人员，计算机从业人员，法律人士
- INTP　科技人员

 实用的
怀疑的
知识

利他的
轻信的
本体

### NF 型：理想主义
- ENFJ　宗教工作者，艺术工作者，教育者
- ENFP　咨询师，教育者，宗教工作者，艺术工作者
- INFJ　宗教工作者，咨询师，教育者，艺术工作者
- INFP　咨询师，文字工作者，艺术工作者

| SJ（保守主义） | SP（　　） | NT（概念主义） | NF（理想主义） |
| --- | --- | --- | --- |
| 会计 | 表演者 | 科学家 | 咨询师 |
| 警察 | 企业家 | 建筑师 | 记者 |
| 医生 | 排除故障者 | 工程师 | 艺术家 |
| 教师 | 自由职业者 | 设计师 | 心理学家 |
| 经理 | 抢险队员 | 经理 | 宗教工作者 |
| …… | …… | …… | …… |
| 尽职的悲观的安全 | 实际的乐观的刺激 | 实用的怀疑的知识 | 利他的轻信的本体 |

## ✳ 困惑

问：如果我的性格与我的专业不匹配怎么办？要不要转专业？

➤ 尽管某些职业可能吸引大量的某些类型的人，但是没有证据表明 16 种类型中的任何一种不能从事或不适合某一种工作。

➤ 心理类型不能作为人员甄选的标准。人员甄选需要参考其他测验的结果。

➤ 性格只与工作效率有关。

## 3.2　MBTI 与人际

## ✳ 困惑

问：我与别人合不来，是不是我们性格相对，所以努力也没有用？

➤ 了解自己的性格类型，扬长避短。你可以通过性格类型来理解和原谅自己，但是不能以此作为逃避现实的借口。

➤ 了解他人的性格类型，达成一致。性格类型没有对错。每一种性格类型和每一个人都有独特的优点。要留意自己对类型的偏见，避免轻易给别人定型。

➤ 学会"接纳别人成为他自己，看得惯别人"。

## 3.3　MBTI 与恋爱

| | | | |
|---|---|---|---|
| **ISTJ**<br>**公务员**<br>男性：公务员 / 照顾者<br>女性：公务员 / 照顾者 / 大男人 | **ISFJ**<br>**照顾者**<br>男性：照顾者 / 哲学家<br>女性：照顾者 / 主人 / 公务员 | **INFJ**<br>**作家**<br>男性：作家 / 哲学家<br>女性：作家 / 哲学家 / 学者 / 挑战者 | **INFP**<br>**哲学家**<br>男性：哲学家 / 作家<br>女性：哲学家 / 记者 / 教育家 / 作家 |
| **ESTJ**<br>**大男人**<br>男性：大男人 / 主人 / 公务员 / 元帅 / 专家<br>女性：大男人 / 元帅 | **ESFJ**<br>**主人**<br>男性：主人 / 照顾者<br>女性：主人 / 大男人 | **ENFJ**<br>**教育家**<br>男性：记者 / 教育家 / 哲学家 / 冒险家<br>女性：教育家 / 冒险家 | **ENFP**<br>**记者**<br>男性：记者 / 哲学家<br>女性：记者 / 教育家 |
| **ISTP**<br>**冒险家**<br>男性：冒险家 / 艺术家 / 教育家<br>女性：冒险家 / 挑战者 / 教育家 | **ISFP**<br>**艺术家**<br>男性：艺术家<br>女性：艺术家 / 表演者 / 挑战者 / 冒险家 | **INTJ**<br>**专家**<br>男性：专家 / 学者<br>女性：专家 / 大男人 | **INTP**<br>**学者**<br>男性：作家<br>女性：专家 / 元帅 / 发明家 |
| **ESTP**<br>**挑战者**<br>男性：挑战者 / 艺术家 / 冒险家 / 表演者 / 作家<br>女性：挑战者 / 发明家 | **ESFP**<br>**表演者**<br>男性：艺术家 / 表演者<br>女性：表演者 / 挑战者 | **ENTJ**<br>**元帅**<br>男性：学者 / 发明家 / 元帅 / 大男人<br>女性：大男人 | **ENTP**<br>**发明家**<br>男性：学者 / 挑战者<br>女性：元帅 |

# 附：知识拓展

## ※ 性格探索的其他方法

- 行为评定
- 360 度评价
- 测评问卷
- 投射分析

性格色彩；九型人格；DISC

四种基本性格色彩描述

## ▶▶ 课后作业

### 测评报告

MBTI 职业性格测试
（探索你的职业性格）

你的 MBTI 类型是：ENFP

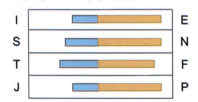

自愿作业：试着对你及对你最亲密的人（或重要的人）做一次 MBTI 性格探索，并分析：了解你们的性格特点对你们的相处有什么好处？

上交时间：本周日 19 点前。

## ▶▶ 课后感悟

第_____次课　　　　　　　　　_____年___月___日

**要**（你记得的要点）

_____
_____
_____
_____

**感**（你的感触、感悟、感动点）

_____
_____
_____
_____

**动**（你的改进行动）

_____
_____
_____
_____

# 第四单元
## 能力探索

生涯探索课

## 课前十分钟

### ❋ 职业探索

第四团队

创意集体海报
生涯人物访谈

### ❋ 评分标准

| 创意海报作品 | 文字：题头有班级名，个人有姓名与亮点<br>图片：脸清晰，造型有寓意与创意；JPG格式；班级留存 | 30分 |
|---|---|---|
| 人物访谈报告 | 按模板要求完成访谈报告，以PPT形式展现 | 30分 |
| 提交优学院 | 文件命名（5）：班级名+应到人数+实到人数+缺席者姓名（海报）；<br>　　　　　　　班级名+主创姓名（PPT）<br>截止时间（5）：第11周周日19点 | 10分 |
| 演讲汇报 | 1. 登台亮相（5）：全体登台或打开摄像头，自述优势或测评码<br>2. 主创汇报（10）：主创代表组员汇报海报寓意及生涯人物访谈报告（限10分钟，听得清，易理解）<br>3. 主创答辩（10）：主创，任务与成长<br>4. 巩固抢答（5）：全体参与，5题全对 | 20~30分 |

第四单元 能力探索

# 巩固抢答

- 什么是性格

- MBTI

- MBTI

- MBTI

- 性格与生涯

## ▶▶ 课堂互动

**拍照上传：**
**求求你夸夸我**
请在朋友圈求别人夸奖。只需关键词即可。得到回复后请按以下路径上传截图：优学院—智慧课堂—拍照上传

## ▶▶ 作业讲评

☆ 你和你的重要他人的 MBTI 代码是什么？
☆ 分别说明你和"TA"是一个怎样的人，比较异同后你有何发现？

## 自我探索

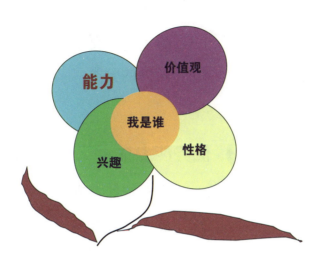

## 第四单元 能力探索

我擅长做什么？

我在哪些方面总是比别人做的好？

- "我们为什么要雇用你？"这是每一个人在求职时都要面对的问题，不管这个问题是不是被直截了当地表达出来。
- 能力是用人单位最关心的问题，也是我们最需要证明的。

想知道：
怎样发现、培养和表现自己的能力，从而在职场中拥有核心竞争力？

# 目录 Contents

- **01 什么是能力** — 107
  - 1.1 能力的定义 — 107
  - 1.2 能力的分类 — 108

- **02 优势能力探索** — 109
  - 2.1 多元智能探索 — 109
  - 2.2 能力三核探索 — 110
  - 2.3 成就故事探索 — 116

- **03 能力与生涯** — 117
  - 3.1 帮你找到工作 — 117
  - 3.2 帮你稳住工作 — 117
  - 3.3 帮你打造个人品牌 — 118

**课后作业** — 119

**课后感悟** — 120

# 01 什么是能力

❋ 1.1 能力的定义
❋ 1.2 能力的分类

## 1.1 能力的定义

**能　力**

个体将所学的知识、技能和态度在特定的任务活动或情境中进行类化迁移与整合所形成的能完成一定任务的素质。

❋ 通俗版

★ 能力就是会做事。
★ 能否完成是它的证明方式。
★ 速度和质量是它的评价标准。

## 1.2　能力的分类

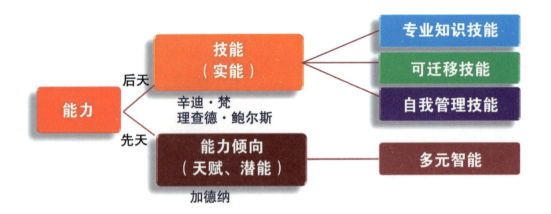

能力倾向、天赋（Aptitude, gift）
　　每个人天生的特殊才能（潜能）。
技能（skill）
　　经过学习和练习培养形成的能力。
　　"无他，惟手熟尔。"
　　　　　　　　　　——《卖油翁》

在现实生活中，个人的能力水平往往是 _____ 和 _____ 两个方面的结果。

### 自我效能感（Self-Efficacy）

　　自我效能感指个人对自己的能力，以及运用该能力将得到何种结果所持的信心和把握程度。

　　研究发现，在实际生活和工作中，对个人行为起决定性作用的往往不是个人实际能力的强弱，而是个人的自我效能感。

# 02 优势能力探索

❋ 2.1 多元智能探索
❋ 2.2 能力三核探索
❋ 2.3 成就故事探索

## 2.1 多元智能探索

★ **传统**的智能理论：
　　人的天赋以语言能力和数理逻辑能力作为整体评判的标准。

★ **多元**智能论
　　1983年哈佛大学心理学教授<u>加德纳</u>提出：智能是多元的，至少有 7 种。它们同样重要，这也使得每个人的智能各具特点。

**语言智能**
方向：律师、演说家、作家等

**数理智能**
方向：会计、程序员、科学家等

**自然观察智能**
方向：生物学家、社会学家等

**音乐智能**
方向：作曲家、歌手、调琴师等

**人际交往智能**
方向：政治家、公关、企业家等

**空间智能**
方向：设计师、建筑师、画家等

**自我认识智能**
方向：哲学家、神职、心理学家等

**动觉智能**
方向：学员、舞蹈家、运动员等

## ※ 我的觉察

**我的**

**哪些**

**天赋**

**潜能**

**较强？**

- ➢ _____
- ➢ _____
- ➢ _____
- ➢ _____
- ➢ _____

## 2.2　能力三核探索

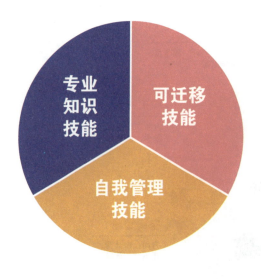

辛迪·梵和理查德·鲍尔斯将技能分为三种类型：

- 专业知识技能
- 可迁移技能
- 自我管理技能

## ✳ 专业知识技能

➢ 学习的内容，所懂得的东西。
➢ 需要经过专门的学习和记忆。
➢ 与我们的专业学习或工作内容相关。
➢ 获得途径：在校教育、课外培训、讲座、自学、资格认证考试、岗前培训、在职培训。
➢ 一般用名词来表示。

你学了什么？

*专业的人
做专业的事*

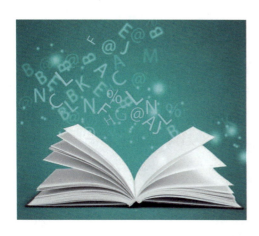

☐ 你学习的是什么专业？
☐ 你的专业课有哪些？
☐ 除了专业课之外，你还选修了哪些课程？
☐ 你参加过哪些相关培训？
☐ 你最近在看什么书？
☐ 足球 / 篮球的规则是什么？
　……

## ✳ 我的觉察

我有　　哪些　　专业知识　　技能？

➢ _____
➢ _____
➢ _____
➢ _____
➢ _____

## ※ 可迁移技能

**你会做什么？**
★ 你所能做的事，也称为通用技能。
★ 主要从实践中获得。
★ 用人单位最看重的部分。
★ 一般用**动词**来表示。

### GCDF 职业技能分类卡

书面信息获取；创意；写作；概念化；分析；归纳总结；发明；观察；持续记录；事务管理；处理数字；多任务管理；想象；在线收集信息；归类；制定战略；决策；测评；直觉；适应变化；应对模糊情景；临场发挥；时间管理；评价；校对、编辑；估价；计划、组织；调停；激励；公关；指导；客户服务；情绪处理；推进；引导变革；监控；谈判；执行；授权；团队合作；销售；督导；设计；绘画；娱乐、表演。

### 你会做什么？

你如何处理数据？
- 比较、复制、计算、汇编、分析、调整和综合数据。

你如何与人打交道？
- 接受指示、服务、谈话或发信号、说服、娱乐。
- 管理、教导、商讨、督导。

你如何与事物打交道？
- 处理、喂养、照管、操纵、驾驶、操作、控制、建立、装配。

**获得路径：**
☐ 参与实践，归纳总结
☐ 观察学习，模仿体会
☐ 专业训练
☐ 实习培训
☐ 业余爱好，娱乐休闲，社团活动，家庭职责

**练习**

## ※ 可迁移技能测评

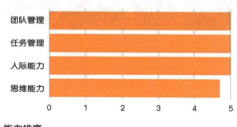

你在这四个维度的自评情况如下（满分5分）：

自评得分

- 团队管理
- 任务管理
- 人际能力
- 思维能力

0　1　2　3　4　5

能力排序：

人际能力　任务管理　团队管理　思维能力

[优势发展]

你的相对优势是： 关系管理　创新能力

- 你的人际网非常广，也有很多交心的好朋友。在社交活动上你总是游刃有余。这样充满魅力的你在遇到问题时，也经常能够获取各种人际资源。
- 你敢于突破现实束缚，开辟解决问题的多种可能性。你的生活总是充满了灵感和创意，是大家羡慕不已又无法模仿的。

[自我提升]

你的相对劣势是： 学习领悟　问题解决

## ※ 我的觉察

我有哪些可迁移技能？

➢ _____
➢ _____
➢ _____
➢ _____
➢ _____

## ✳ 自我管理技能

**你这人怎么样？**
➤ 你所具有的特征和品质。
➤ 来自**认同与模仿**。
➤ 是个人最有价值的"资产"。
➤ 是影响职业生涯成功与否的关键。
➤ 一般用**形容词**或**副词**来表示。

**获得路径：**
☐ 榜样的力量，认同与练习。
☐ 业余爱好。
☐ 娱乐休闲。
☐ 社团活动。
☐ 家庭职责。

榜样的力量

### 自我管理技能

诚实、正直、自信、开朗、合作、耐心、细致、慎重、认真、负责、可靠、灵活、幽默、友好、真诚、热情、投入、高效、冷静、严谨、踏实、积极、主动、豪爽、勇敢、忠诚、直爽、现实、执着、机灵、感性、善良、大度、随和、聪明、稳重、热情、乐观、朴实、渊博、机智、敏捷、活泼、敏锐、公正、宽容、成熟、谦虚、理性、周详、客观、平和、有创意、有激情、有远见、有抱负、有条理、有包容心、有责任心、有进取心、有同情心、有想象力、有观察力、有忍耐力、有创造力、坚忍不拔、足智多谋、精力旺盛、思路开放、胆大心细、多才多艺、彬彬有礼、善解人意、吃苦耐劳、团结协作、开拓创新

## ※ 我的觉察

**我有哪些自我管理技能？**

➢ _____

➢ _____

➢ _____

➢ _____

➢ _____

## ※ 能力三核

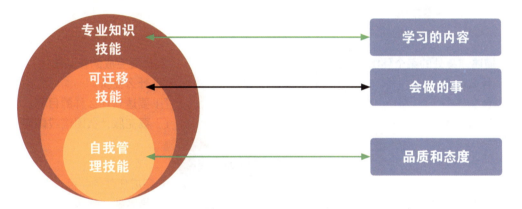

| 技能类型 | 表述词 | 描述 | 表达 | 获取途径 | 成长途径 |
|---|---|---|---|---|---|
| 专业知识技能 | 名词 | 知识 | 学过什么 | 普通记忆 | 专业化 |
| 可迁移技能 | 动词 | 技术 | 会做什么 | 练习重复 | 职业化 |
| 自我管理技能 | 形容词或副词 | 素养 | 什么样的人 | 模仿感悟 | 精通化 |

简历"三内容"：教育背景，实践经验，自我评价。

面试"三环节"：用人部门初试，HR复试，高管终试。

面试"三问题"：你学了什么，你会做什么，你这人怎样。

面试第一问中的自我介绍三部曲……

## 2.3 成就故事探索

**什么是成就故事？**

★ 你喜欢做这件事的感受。

★ 你为完成它所带来的结果感到自豪。

★ 同时获得他人认可和表扬更好，不过这并不重要。

### ✻ STAR 原则

1. 描述你身处的某个环境：
☐ 什么时间。
☐ 什么任务。
☐ 什么背景。

2. 你要完成的任务描述：
☐ 什么任务。
☐ 要达到什么样的目标。
☐ 要克服什么困难或障碍。

4. 最终的结果：
☐ 获得了什么成绩。
☐ 有什么成长。
☐ 最好把结果量化。

3. 完成任务的路径：
☐ 具体做了什么。
☐ 使用了什么工具。
☐ 是如何克服困难的。

Situation 环境 | Task 任务 | Result 结果 | Action 行动

▶▶ **优势能力探索**

拍照上传：求求你夸夸我

能力倾向——天赋 ＿＿＿＿＿＿
技　　能——知识技能 ＿＿＿＿＿＿
　　　　　　可迁移技能 ＿＿＿＿＿＿
　　　　　　自我管理技能 ＿＿＿＿

# 03 能力与生涯

❀ 3.1　帮你找到工作
❀ 3.2　帮你稳住工作
❀ 3.3　帮你打造个人品牌

## 3.1　帮你找到工作

我们和雇主共同关注的：

★ 从前做过的，现在能做的，未来可以做的。
★ 技能和职业的匹配度，包括熟练程度和个人使用倾向。
★ 工作的理想状态：可以使用到我们熟练的、擅长的并且最愿意使用的技能。

## 3.2　帮你稳住工作

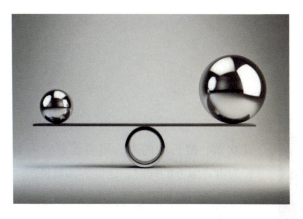

❀ 能力 = 工作要求　满足
❀ 能力 < 工作要求　焦虑
❀ 能力 > 工作要求　倦怠

工作的理想状态：内在满意 + 外在满意

## 3.3　帮你打造个人品牌

赵锦堃核雕

千百次的锤炼，造就匠心品质

### ※ 能力与生涯

- 求学阶段：能力的培养与确认。
- 求职阶段：能力的描述与证明。
- 工作阶段：能力的发挥与发展。

### ※ 困惑

　　工作的理想状态是做自己适合做、喜欢做、擅长做的事。用自己最爱的专长为世界服务的同时，还能养活自己。
　　如果不能如愿，怎么办？
　　快乐 = ＿＿＿＿＿＿ － ＿＿＿＿＿＿。
　　要么增强技能，要么降低期待。

# 课后作业

## ※ 个人自愿作业

- 用STAR原则撰写3个以上成就故事（越多越好）。
- 用能力三核工具分析重复出现的技能，按优先次序排列，提炼出自己的优势能力。

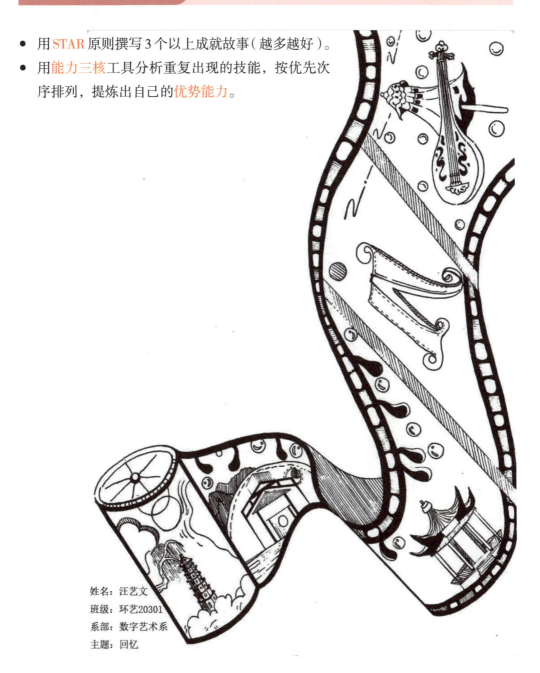

姓名：汪艺文
班级：环艺20301
系部：数字艺术系
主题：回忆

## 课后感悟

第_____次课　　　　　　　　　　_____年___月___日

**要**（你记得的要点）

_____
_____
_____
_____

**感**（你的感触、感悟、感动点）

_____
_____
_____
_____

**动**（你的改进行动）

_____
_____
_____
_____
_____

# 第五单元
## 价值观探索

生涯探索课

# 巩固抢答

- 什么是能力

- 能力的分类

- 多元智能理论

- 技能分类

- 技能分类

## 自我探索

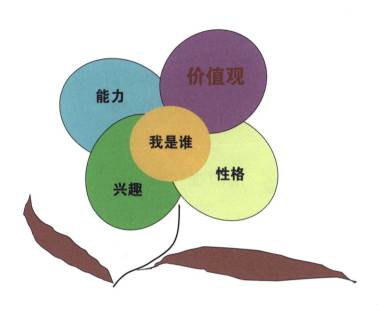

## 第五单元 价值观探索

我最看重什么？

在工作中哪些要素对我很重要？

➤ 有的人不清楚鱼与熊掌自己要的到底是哪个，或者哪个是鱼，哪个是熊掌。
➤ 有的人不清楚什么是好工作，什么是适合自己的工作。

想知道：
- 我最看重什么。
- 在哪项工作中我能真正开开心心地投入并实现自己的价值。

# 目录 Contents

**01 什么是价值观**    125
- 1.1 价值观的定义    126
- 1.2 职业价值观的定义    127
- 1.3 价值观的分类    127

**02 价值观探索**    129
- 2.1 职业价值观探索    129
- 2.2 生活价值观探索    131
- 2.3 人生价值观探索    132
- 2.4 其他探索法    133

**03 价值观与生涯**    134
- 3.1 价值观与职业幸福    134
- 3.2 价值观与职业选择    135
- 3.3 价值观的变化    137

**课后作业**    138

**课后感悟**    139

# 01 什么是价值观

❋ 1.1　价值观的定义
❋ 1.2　职业价值观的定义
❋ 1.3　价值观的分类

▶▶ 课程导入

※ 我眼中的好工作

☆ 头脑风暴及词语接龙。
☆ 一分钟内尽可能地写下你脑海中所联想到的关于<u>好工作</u>的任何短语。

## 1.1 价值观的定义

**价值观**是我们在生活和工作中所看重的**原则**、**标准**或**品质**。人们常用它来区分好坏标准,把它当作评价与决策的依据。它指向我们一生中**最重要**的东西,也是一套自我激励机制。

### ※ 价值观有差异

**1965—1980**
劳动最光荣
忠诚、爱国
电话、短信
台式电脑

**1981—1995**
工作与生活的平衡
"愤青"、非主流、"斜杠青年"
互联网、移动网络
平板电脑、智能手机

**1996—2010**
自由而弹性的生活
"宅、丧、佛"
移动网络
智能手机

## 1.2 职业价值观的定义

- 职业价值观是个人追求的与工作有关的目标,是个体价值观在职业问题上的反映。(舒伯,1970)
- 职业价值观是指你无论从事什么工作,都会努力在工作中追求的东西。
- 从另一个角度来讲,职业价值观就是你最期待从工作中获得的东西。

## 1.3 价值观的分类

❋ 价值观无对错

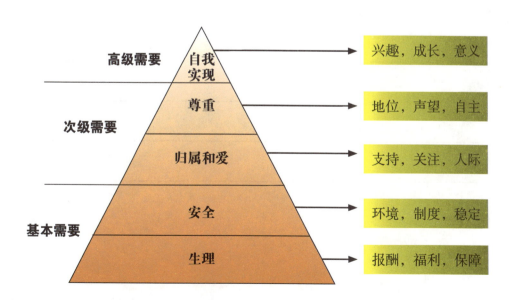

## ※ 思考

1. 对照需求层次模型，想一想你现在处在哪一级需求层次上？

   _____

   _____

   _____

   _____

2. 你最希望在工作中获得哪个层次需求的满足？什么因素能够带给你满足感、激励你更好地工作？

   _____

   _____

   _____

   _____

3. 你觉得你毕业时会处在哪一级需求层次上？这对你的职业规划会产生哪些影响？

   _____

   _____

   _____

   _____

# 02 价值观探索

❉ 2.1 职业价值观探索
❉ 2.2 生活价值观探索
❉ 2.3 人生价值观探索
❉ 2.4 其他探索法

## 2.1 职业价值观探索

### ※ 舒伯的 15 项职业价值观

| 1 | 利他主义 | 有机会为社会大众的福利尽力，为大众谋福利 |
| 2 | 美的追求 | 致力使这个世界更美好，增加艺术气氛 |
| 3 | 创造发明 | 喜欢与众不同，喜欢创新 |
| 4 | 智力激发 | 有独立思考、学习与分析事理的机会 |
| 5 | 独立自主 | 以自己的方式或步调来进行，不受太多限制 |
| 6 | 成就满足 | 能看到努力工作的具体成果，并因此获得精神上的满足 |
| 7 | 声望地位 | 提高个人身份或名望，受到他人的推崇或尊重 |
| 8 | 管理权力 | 赋予个人策划工作、分配工作且管理属下的权力 |
| 9 | 经济报酬 | 获得优厚报酬，有能力购置想要的东西 |
| 10 | 安全稳定 | 能保障安定的生活，即使经济不景气也不受影响 |
| 11 | 工作环境 | 能在良好舒适的环境下工作 |
| 12 | 上司关系 | 能与主管平等且融洽相处，获得赏识 |
| 13 | 同事关系 | 能与志同道合的伙伴一起愉快地工作 |
| 14 | 多样变化 | 工作内容富有变化，不枯燥 |
| 15 | 生活方式 | 能选择理想的生活方式 |

 道德操守
 组织氛围
 平衡生活

4. 持续挑战
5. 他人认可
6. 人际和谐
7. 独立自主
8. 收入待遇
9. 工作稳定
10. 成长发展
11. 志趣满足
12. 工作环境
13. 管理权力
14. 开拓创造
15. 多样变化

## ❋ 施恩的职业锚

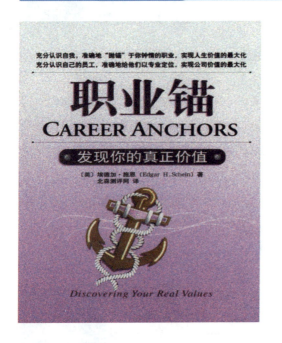

- 施恩教授（麻省理工学院斯隆管理学院）。
- 职业锚的含义：
  "锚"——中心。职业锚是人们选择和发展自己职业时所围绕的中心。

## ❋ 职业锚（3年）

| | |
|---|---|
| ● 生活型（L） | 希望工作有足够的弹性，可以同时兼顾个人的、家庭的、职业的需要。 |
| ● 服务型（D） | 希望用自己的知识、技巧帮助别人。 |
| ● 独立型（I） | 希望在自由度高、少受约束的环境中，按自己的想法开展工作。 |
| ● 稳定型（S） | 关注公司的稳定、工作的保障和收益的安全。 |
| ● 技术型（T） | 爱自己专业的技术和职能工作，注重个人在专业技能领域的进一步发展。 |
| ● 挑战型（O） | 渴望超越自我，解决别人看来难以解决的问题，战胜强有力的竞争对手。 |
| ● 创造型（C） | 渴望建立或创造完全属于自己的东西，例如作品、公司等。 |
| ● 管理型（M） | 能发展和增强自己的人际沟通、解决问题的能力，并能得到职位的提升。 |

## 2.2　生活价值观探索

### ※ 我喜欢的生活方式（10年）

| | | | |
|---|---|---|---|
| 1. 住在繁华的都市 | 9. 生活富有挑战性、创造性 | 17. 每天按时上下班 | 25. 经常旅行，扩展视野 |
| 2. 住在宁静的乡村 | 10. 有较高的社会声望 | 18. 有充裕的闲暇时间做自己感兴趣的事 | 26. 和父母生活在一起，承欢膝下 |
| 3. 居住在文化水平较高的社区 | 11. 拥有宽广、舒适的生活空间 | 19. 坚持运动，强身健体 | 27. 和爱人、孩子生活在一起 |
| 4. 居住在小孩上学方便的地方 | 12. 工作稳定，有保障 | 20. 工作之余参加社会活动 | 28. 有时间辅导孩子的作业 |
| 5. 定居在某个地方 | 13. 拥有较高的经济收入 | 21. 参与和宗教有关的活动 | 29. 有密切交往的好朋友 |
| 6. 担任管理职务 | 14. 有高效率的工作伙伴 | 22. 每天有固定的时间和家人相处 | 30. 每个月有固定的存款 |
| 7. 吸收新知识，充实自己 | 15. 能够自由支配金钱 | 23. 和家人共享假期 | |
| 8. 贡献自己所能，服务社会 | 16. 能够自由支配自己的时间 | 24. 积极参与社区活动 | |

**思考与讨论：我喜欢的生活方式**

1. 你最看重的**三个**项目是什么？为什么它们对你如此重要？
2. 根据刚才的填写情况，请描述**十年**后你最期待的三个生活画面。
3. 为了实现理想的生活状态，你需要满足哪些条件？
4. 为了满足这些条件，你有哪些具体的行动计划？
5. 当下，你觉得对你最重要的是什么？

## 2.3　人生价值观探索

### ※ 人生价值清单（终生）

| | | | |
|---|---|---|---|
| 1. 有一个幸福美满的家庭 | 6. 从事自己感兴趣又可发挥专长的工作 | 11. 和喜欢的人长久相伴 | 16. 工作富有挑战性和创造性 |
| 2. 赚大钱 | 7. 有一栋舒适又漂亮的房子 | 12. 拥有自己的公司 | 17. 成为名人 |
| 3. 健康而长寿 | 8. 成为国家公务员 | 13. 到处旅游，体验不同的生活方式 | 18. 随心所欲地布置自己的环境 |
| 4. 持续学习 | 9. 有充裕的金钱与休闲时间 | 14. 成立慈善机构，服务他人 | 19. 无拘无束地生活 |
| 5. 有知心朋友 | 10. 拥有完美的爱情 | 15. 享受结交新朋友的乐趣 | 20. 具有一定的社会声望 |

**思考与讨论：我的人生价值清单**

1. 选出这一生对你来说最重要的**三个**选项，并说出这样选择的原因。
2. 假如只能留下**一个**最重要的选项，那是什么？为什么？
3. 当你面临人生的重大决策时，这些选项是如何影响你的？

## 2.4 其他探索法

### ※ 叙事评估，价值观想象

讨论：
1. 假如你有 5000 万元，你会做些什么？
2. 假如你能改变自己的一样东西，那么它会是什么？
3. 如果你只剩下 24 小时的生命，你会做些什么，与谁在一起？
4. 你将给你的孩子的忠告是什么？
5. 时光机游戏：如果时间过了 70 多年，你 90 岁，事业有成，儿孙满堂，头发全白，精神矍铄，你的亲朋好友来为你庆生，你最希望他们对你有怎样的评价？

# 03 价值观与生涯

- 3.1 价值观与职业幸福
- 3.2 价值观与职业选择
- 3.3 价值观的变化

**价值观**在人们的职业生涯发展中起到**决定性、方向性**的作用，其影响甚至超过了兴趣和性格对我们的影响。

## 3.1 价值观与职业幸福

### ※ 职业发展的两大驱动力

- ➢ 技能—成功—实践
- ➢ 性格—效率/人际—完善
- ➢ 兴趣—快乐—平衡
- ➢ 价值观—满足—取舍

## ※ 意义感与价值感

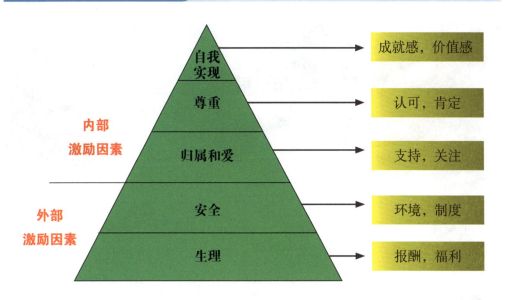

## 3.2 价值观与职业选择

### ※ 学会排序

值得

> 很少有工作能够完全满足一个人所有的重要价值观，生活亦是如此。
> 钱多、事少、离家近，位高、权重、责任轻，睡觉睡到自然醒，数钱数到手抽筋。
> 因此，我们总是要不断地做出取舍。

## ❋ 学会从容

> 人的心智成熟应该是逐渐剔除的过程,知道自己最重要的东西是什么,知道不重要的东西是什么,而后,做一个简单的人。

**舍得**
会做减法是人生的大智慧。

## ❋ 匹配企业文化

选择工作时,要考虑到个人价值观与企业文化的匹配度。

## 3.3 价值观的变化

### ※ 学会追随我心

> 个人由于所处的生涯发展阶段、社会环境的不同，他的需求会发生改变，从而可能导致价值观的变化。

> 你生命的前半辈子或许属于别人，活在别人的"认为"里，那把后半辈子还给你自己，去追随你内在的声音。

——荣格

**价值观需要不断地审视和澄清**

**选择、珍视、行动**

再忙也要记着：
　　为什么出发，要奔向哪里。
再忙也要记着：
　　相爱的人在哪里，同行的人是谁。
　　静下来，想一想，再出发。

## 课后作业

### ❋ 思考：

1. 我想成为什么样的人？
2. 我想过什么样的生活？

自由书写：我的 价值观。

结合职业价值观测评、喜欢的生活方式测评和人生价值清单测评，谈谈自己眼里的 好工作 是什么样的，十年后 理想的生活 是什么样的。你 最看重 什么？

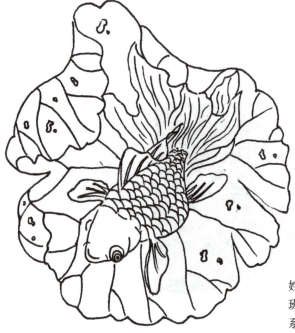

姓名：汪艺文
班级：环艺 20301
系部：数字艺术系
主题：鱼戏荷叶间

## 课后感悟

第_____次课　　　　　　　　_____年___月___日

**要**（你记得的要点）

_____
_____
_____
_____

**感**（你的感触、感悟、感动点）

_____
_____
_____
_____

**动**（你的改进行动）

_____
_____
_____
_____

# 期末考试

## 生涯探索课

# 目录 Contents

## 01 课程评价 — 143

- 1.1 自我探索技能测评 — 143
- 1.2 探索技能提升调研 — 144
- 1.3 课程满意度调研 — 144
- 1.4 最喜欢的老师调研 — 145
- 1.5 最喜欢的课程调研 — 145
- 1.6 想听什么内容调研 — 146

## 02 课程感悟 — 147

- 2.1 我的收获 — 147
- 2.2 我的建议 — 147
- 2.3 感谢的人 — 148

## 03 在线考试 — 149

- 3.1 考试流程 — 149
- 3.2 考试准备 — 150

# 01 课程评价

❋ 1.1 自我探索技能测评
❋ 1.2 探索技能提升调研
❋ 1.3 课程满意度调研
❋ 1.4 最喜欢的老师调研
❋ 1.5 最喜欢的课程调研
❋ 1.6 想听什么内容调研

## 1.1 自我探索技能测评

| 自我探索技能 | 自评分 |
| --- | --- |
| 兴趣探索（知道自己的兴趣与职业兴趣，不喜欢本专业也知如何"曲线救国"） | |
| 性格探索（知道自己的性格类型，并能与不同性格的人友好相处） | |
| 能力探索（知道自己的优势与才干，认可自己，爱自己） | |
| 价值观探索（知道自己存在的意义，知道自己人生中最看重的是什么，想成为什么样的人，想过什么样的生活） | |
| **总均分** | |

| 前后测评比较 | 前测均分 | 后测均分 | 是否提升 |
| --- | --- | --- | --- |
| | | | |

| 自评分标准 | 1分 | 2分 | 3分 | 4分 |
| --- | --- | --- | --- | --- |
| | 糟糕 | 一般 | 较擅长 | 擅长 |

## 1.2　探索技能提升调研

### ※ 优学院投票端

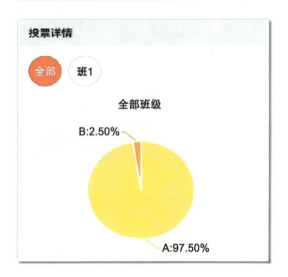

## 1.3　课程满意度调研

### ※ 优学院投票端

## 1.4　最喜欢的老师调研

### ※ 优学院投票端

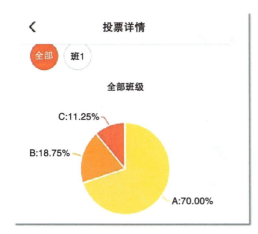

| | | |
|---|---|---|
| A 本课教师 | 56票 | |
| B 其他课教师 | 15票 | |
| C 无 | 9票 | |
| D | 0票 | |
| 未投 | 11人 | |

## 1.5　最喜欢的课程调研

### ※ 优学院投票端

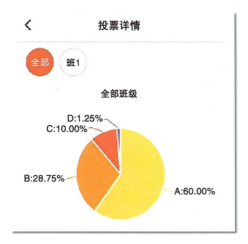

| | | |
|---|---|---|
| A 本课 | 48票 | |
| B 其他课 | 23票 | |
| C 无 | 8票 | |
| D | 1票 | |
| 未投 | 11人 | |

## 1.6　想听什么内容调研

### ※ 优学院投票端

模具 21301 班　袁琛绘

# 02 课程感悟

- 2.1 我的收获
- 2.2 我的建议
- 2.3 感谢的人

## 2.1 我的收获

### ※ 优学院作业端

(1) _____

(2) _____

(3) _____

## 2.2 我的建议

### ※ 优学院作业端

(1) _____

(2) _____

(3) _____

## 2.3　感谢的人

### ※ 优学院作业端

针对本门课程，你想**感谢**的人与事：

- 为课前 10 分钟项目做出最大贡献的人：_____

- 帮助过你的人：_____

- 让你难忘的事：_____

姓名：汪艺文
班级：环艺 20301
系部：数字艺术系
主题：望扇

# 03 在线考试

● 3.1 考试流程
● 3.2 考试准备

## 3.1 考试流程

### ※ 直播间：候考（前 20 分钟）

一、考生签到（数字码签到，公告区通知，课堂点名）
二、直播间交代注意事项
　　1. 用手机或电脑参加考试（注意电量充足，只能用一种）。
　　2. 考试时间 60 分钟。
　　3. 备好生涯路线图（以 PPT 形式上传，在手机端提前存在文件端）。
　　4. 作弊情况说明（代考，雷同，退出考试页面等）。
　　5. 直播间聊天区，处理特殊情况。
　　6. 简答题以文字形式直接填写在答题处（生涯路线图除外）。

### ※ 考试端：考试（后 60 分钟）

一、客观判断题（30 分）：判断题题库 60 题中随机抽取 30 题。
二、自我探索题（40 分）：自我探索题题库 4 题中随机抽取 2 题，每题 20 分。
三、职业探索题（10 分）：生涯人物访谈项目给你带来的启示，1 题。
四、生涯规划题（20 分）：以一页 PPT 的形式，使用绘图方式，展示生涯路线图，以附件形式上传，1 题。

## 3.2 考试准备

### ※ 自我探索题

1. 自由书写：我的兴趣。从兴趣维度，用霍兰德代码分析自己是一个什么样的人，并谈谈是否喜欢当下的专业，如果不喜欢会怎么做。
2. 自由书写：我的性格。试着对你及你最亲密的人（或重要的人）做一次 MBTI 性格探索，并分析你们的性格特点对你们的相处有什么好处？
3. 自由书写：我的优势能力。用 STAR 原则撰写 3 个以上成就故事（越多越好），并用能力三核工具分析故事中反复出现的技能，按优先次序排列，提炼出自己的优势能力。
4. 自由书写：我的价值观。结合职业价值观测评、喜欢的生活方式测评和人生价值清单测评，谈谈自己眼里的好工作是什么样的，十年后理想的生活是什么样的。你最看重什么？

### ※ 职业探索题

**生涯人物访谈项目给你带来的启示**

- 重温本班课前 10 分钟项目"生涯人物访谈报告"。
- 着重从入（技能要求）、做（岗位职责）、得（待遇环境）、拓（职业发展）等方面，分析你的目标岗位。
- 谈谈其他收获与感受。

## ❋ 生涯规划题

| 题头 | XX（姓名）同学的生涯路线图 | 2分 |
|---|---|---|
| 内容 | 目标明确，内容清晰。<br>六个时间节点：<br>1. 当下<br>2. 明年六月底<br>3. 工作第1年<br>4. 工作第5年<br>5. 工作第10年<br>6. 最终职业理想 | 12分 |
| 形式 | 一页PPT，图示，简洁明了，24号字。 | 6分 |

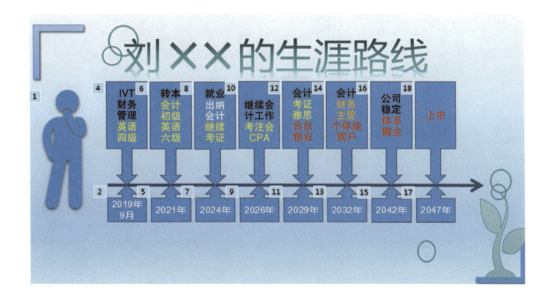

## 附录1：兴趣探索练习

请具体、详细地回答下列问题。如有可能，请与一位同伴相互讲述自己对问题的思考和回答。同伴可以提问、帮助讲述的人发掘细节和原因。

（1）我的白日梦：请列举出三种你非常感兴趣的职业（摒除所有现实的考虑）。这些职业中的哪些特征吸引着你？

_____

_____

_____

（2）请回忆三个从事某件事情时令你感到快乐（满足）的经历。请详细地描述这三个画面，是什么令你感到如此快乐（满足）？

_____

_____

_____

（3）从小到大你担任过哪些职务？你喜欢的是哪些职务？不喜欢的是哪些？请具体说明为什么。

_____

_____

_____

（4）你最崇拜（敬佩）的人是谁？他对你产生了什么影响？你最像他的是什么地方？最不像他的是什么地方？

_____

_____

_____

（5）你最喜欢看哪种杂志？这些杂志中的哪些部分吸引着你？或者，如果你到书店看书，你通常会停留在哪类书架前（不是仅仅因为学习需要）？

_____

_____

_____

（6）除了单纯的娱乐放松以外，你最喜欢看哪几类电视节目？节目中什么吸引着你？
_____
_____
_____

（7）你喜欢浏览哪类网站？你喜欢看网站的哪部分内容？它们属于哪个专业或领域？
_____
_____
_____

（8）休闲时，如果只是出于兴趣的考虑，你最想做什么或学什么？是什么吸引着你？
_____
_____
_____

（9）你最喜欢的科目是什么？为什么喜欢它（们）？
_____
_____
_____

（10）我们生活中都有过某些时刻，因为全神贯注于做某件事情而忘了时间。什么样的事会让你如此专注？
_____
_____
_____

（11）你的答案里面有什么共同点吗？是否可以归纳为什么主题或者关键词？这些主题或关键词可能和霍兰德的哪些类型相对应？你如何让这样的主题在你今后的生活中得到更充分的彰显？
_____
_____
_____

（钟谷兰，杨开.大学生职业生涯发展与规划［M］.2版.上海：华东师范大学出版社，2015：24–26.）

## 附录2：霍兰德职业索引

霍兰德职业索引列出了职业兴趣代码和与其相应的职业。需要注意的是，该职业索引是一份未经本土化的版本，因此在职业名称和职业对应的霍兰德代码上可能与中国国情有偏差。考虑到国内这方面的资料较少，我们将这份索引附录于后，在使用时仅做参考。这主要是为拓展大家对于职业的思路，不必拘泥于职业的代码。

RIA：牙科技术员、陶工、建筑设计员、模型工、细木工、制作链条人员。

RIS：厨师、林务员、跳水员、潜水员、染色员、电器修理工、眼镜制作工、电工、纺织机器装配工、服务员、装玻璃工人、发电厂工人、焊接工。

RIE：建筑和桥梁工程人员、环境工程人员、航空工程人员、公路工程人员、电力工程人员、信号工程人员、电话工程人员、一般机械工程人员、自动工程人员、矿业工程人员、海洋工程人员、交通工程技术人员、制图员、家政经济人员、计量员、农民、农场工人、农业机械操作员、清洁工、无线电修理工、汽车修理工、手表修理工、管工、线路装配工、工具仓库管理员。

RIC：船上工作人员、接待员、杂志保管员、牙医助手、制帽工、磨坊工、石匠、机器制造工、机车（火车头）制造工、农业机器装配工、汽车装配工、缝纫机装配工、钟表装配和检验工、电动器具装配工、鞋匠、锁匠、货物检验员、电梯修理工、托儿所所长、钢琴调音员、装配工、印刷工、建筑钢铁工作人员、卡车司机。

RAI：手工雕刻人员、玻璃雕刻人员、模型制作人员、家具木工、皮革品制作人员、手工绣花人员、手工钩针纺织人员、排字工作人员、印刷工作人员、图画雕刻人员、装订工。

RSI：纺织工、编织工、农业学校教师、某些职业课程教师（诸如艺术、商业、技术、工艺课程）、雨衣上胶工。

RSE：消防员、交通巡警、警察、门卫、理发师、房间清洁工、屠夫、锻工、开凿工人、管道安装工、出租汽车驾驶员、货物搬运工、送报员、勘探员、娱乐场所服务员、起卸机操作工、灭害虫者、电梯操作工、厨房助手。

REI：轮船船长、航海领航员、大副、试管实验员。

RES：旅馆服务员、家畜饲养员、渔民、渔网修补工、水手长、收割机操作工、搬运行李工人、公园服务员、救生员、登山导游、火车工程技术员、建筑工作人员、铺轨工人。

REC：抄水表员、保姆、实验室动物饲养员、动物管理员。

RCI：测量员、勘测员、仪表操作者、农业工程技术人员、化学工程技师、民用工程技师、石油工程技师、资料室管理员、探矿工、煅烧工、烧窑工、矿工、保养工、磨床工、取样工、样品检验员、纺纱工、炮手、漂洗工、电焊工、锯木工、刨床工、制帽工、手工缝纫工、油漆工、染色工、按摩工、木匠、农民建筑工作、电影放映员、勘测员助手。

RCS：公共汽车驾驶员、一等水手、游泳池服务员、裁缝、建筑工、石匠、烟囱修建工、混凝土工、电话修理工、爆炸手、邮递员、矿工、裱糊工人、纺纱工。

RCE：打井工、吊车驾驶员、农场工人、邮件分类员、铲车司机、拖拉机司机。

IRA：地理学家、地质学家、矿物学家、古生物学家、石油学家、地震学家、声学物理学家、原子和分子物理学家、电学和磁学物理学家、气象学家、设计审核员、人口统计学家、数学统计学家、外科医生、城市规划家、气象员。

IRS：流体物理学家、物理海洋学家、等离子体物理学家、农业科学家、动物学家、食品科学家、园艺学家、植物学家、细菌学家、解剖学家、动物病理学家、作物病理学家、药物学家、生物化学家、生物物理学家、细胞生物学家、临床化学家、遗传学家、分子生物学家、质量控制工程师、地理学家、兽医、放射性治疗技师。

IRE：化验员、化学工程师、纺织工程师、食品技师、渔业技术专家、材料和测试工程师、电气工程师、土木工程师、航空工程师、行政官员、冶金专家、原子核工程师、陶瓷工程师、地质工程师、电力工程师、口腔科医生、牙科医生。

IRC：飞机领航员、飞行员、物理实验室技师、文献检查员、农业技术专家、动植物技术专家、生物技师、油管检查员、工商业规划者、矿藏安全检查员、纺织品检验员、照相机修理者、工程技术员、编计算程序者、工具设计者、仪器维修工。

IAR：人类学家、天文学家、化学家、物理学家、医学病理家、动物标本剥制者、化石修复者、艺术品管理者。

IAS：普通经济学家、农场经济学家、财政经济学家、国际贸易经济学家、实验心理学家、工程心理学家、心理学家、哲学家、内科医生、数学家。

ISR：水生生物学者、昆虫学者、微生物学家、配镜师、矫正视力者、细菌学家、牙科医生、骨科医生。

ISA：实验心理学家、普通心理学家、发展心理学家、教育心理学家、社会心理学家、临床心理学家、目标学家、皮肤病学家、精神病学家、妇产科医生、眼科医生、五官科医生、医学实验室技术专家、民航医务人员、护士。

ISE：营养学家、饮食顾问、火灾检查员、邮政服务检查员。

ISC：侦察员、电视播音室修理员、电视修理服务员、验尸室人员、编目录者、医学实验室技师、调查研究者。

IES：细菌学家、生理学家、化学专家、地质专家、地理物理学专家、纺织技术专家、医院药剂师、工业药剂师、药房营业员。

IEC：档案保管员、保险统计员。

ICR：质量检验技术员、地质学技师、工程师、法官、图书馆技术辅导员、计算机操作员、医院听诊员、家禽检查员。

AIR：建筑师、画家、摄影师、绘图员、环境美化工、雕刻家、包装设计师、陶器设计师、绣花工、漫画工。

AIS：画家、剧作家、编辑、评论家、时装艺术大师、新闻摄影师、男演员、文学作者。

AIE：花匠、皮衣设计师、工业产品设计师、剪影艺术家、复制雕刻品大师。

ASI：音乐教师、乐器教师、美术教师、管弦乐指挥、合唱队指挥、歌星、演奏家、哲学家、作家、广告经理、时装模特。

ASE：戏剧导演、舞蹈教师、广告撰稿人、报刊、专栏作家、记者、演员、英语翻译。

AER：新闻摄影师、电视摄影师、艺术指导、录音指导、丑角演员、魔术师、木偶戏演员、骑士、跳水员。

AEI：音乐指挥、舞台指导、电影导演。

AES：流行歌手、舞蹈演员、电影导演、广播节目主持人、舞蹈教师、口技表演者、喜剧演员、模特。

SRI：外科医师助手、医院服务员。

SRE：体育教师、职业病治疗者、体育教练、专业运动员、房管员、儿童家庭教师、警察、引座员、传达员、保姆。

SRC：护理员、护理助理、医院勤杂工、理发师、学校儿童服务人员。

SIR：理疗员、救护队工作人员、手足病医生、职业病治疗助手。

SIA：社会学家，心理咨询者，学校心理学家，政治科学家，大学或学院的系主任，大学或学院的教育学教师，大学农业教师，大学工程和建筑课程的教师，大学法律教师，大学数学、医学、物理、社会科学和生命科学的教师，研究生助教，成人教育教师。

SIE：营养学家、饮食学家、海关检查员、安全检查员、税务稽查员、校长。

SIC：描图员、兽医助手、诊所助理、体检检查员、监督缓刑犯的工作者、娱乐指导者、咨询人员、社会科学教师。

SER：体育教练、游泳指导员。

SEI：大学校长、学院院长、医院行政管理员、历史学家、家政经济学家、职业学校教师、资料员。

SEA：娱乐活动管理员、国外服务办事员、社会服务助理、一般咨询者、宗教教育工作者。

SEC：社会活动家、退伍军人服务官员、工商会事务代表、教育咨询者、宿舍管理员、旅馆经理、饮食服务管理员。

SCE：部长助理、福利机构职员、生产协调人员、环境卫生管理人员、戏院经理、餐馆经理、售票员。

ERI：建筑物管理员、工业工程师、农场管理员、护士长、农业经营管理人员。

ERS：仓库管理员、房屋管理员、货栈监督管理员。
ERC：邮政局局长、渔船船长、机械操作领班、木工领班、瓦工领班、驾驶员领班。
EIR：科学、技术和有关周期出版物的管理员。
EIS：警官、侦察员、交通检验员、安全咨询员、合同管理者、商人。
EIC：专利代理人、鉴定人、运输服务检查员、安全检查员、废品收购人员。
EAR：展览室管理员、舞台管理员、播音员、驯兽员。
EAS：法官、律师、公证人。
ESR：家具售货员、书店售货员、公共汽车驾驶员、日用品售货员、护士长、自然科学和工程的行政领导。
ESI：博物馆管理员、图书馆管理员、古迹管理员、饮食业经理、地区安全服务管理员、技术服务咨询者、超级市场管理员、零售商品店店员、批发商、出租汽车服务站调度员。
ESA：博物馆馆长、报刊管理员、音乐器材售货员、广告商、画商、导游、（轮船或班机上的）事务长、飞机上的服务员、船员、法官、律师。
ESC：理发师、裁判员、政府行政管理员、财政管理员、工程管理员、职业病防治员、售货员、商业经理、办公室主任、人事负责人、调度员。
ECI：银行行长、审计员、信用管理员、地产管理员、商业管理员。
ECS：信用办事员、保险人员、各类进货员、海关服务经理、售货员、购买员、会计。
CRI：簿记员、会计、计时员、铸造机操作工、打字员、按键操作工、复印机操作工。
CRS：仓库保管员、档案管理员、缝纫工、讲述员、收款人。
CRE：标价员、实验室工作者、广告管理员、自动打字机操作员、电动机装配工、缝纫机操作工。
CIR：校对员、工程职员、海底电报员、检修计划员、发报员。
CIS：记账员、顾客服务员、报刊发行员、土地测量员、保险公司职员、会计师、估价员、邮政检查员、外贸检查员。
CIE：打字员、统计员、支票记录员、订货员、校对员、办公室工作人员。
CSR：运货代理商、铁路职员、交通检查员、办公室通信员、簿记员、出纳员、银行财务职员。
CSA：秘书、图书管理员、办公室办事员。
CSE：接待员、通信员、电话接线员、卖票员、旅馆服务员、私人职员、商学教师、旅游办事员。
CER：邮递员、数据处理员、办公室办事员。
CEI：推销员、经济分析家。
CES：银行会计、记账员、秘书、速记员、法院报告人。

（钟谷兰，杨开.大学生职业生涯发展与规划［M］.2版.上海：华东师范大学出版社，2015：192–195.）

# 后 记

感谢学院在2017年给了我一个独立的空间——以我的名字命名的工作室"徐倩工作室"。从那刻起，我的幸福生涯之旅正式开启。"培养幸福的学生，成就幸福的老师；培养幸福的老师，成就幸福的学生。让师生互相成就，都成为幸福的践行者与传播者。"这是我的使命，也是工作室的愿景。

为了这一目标，这个工作室里聚集了一群老师。他们为培养幸福的学生，建构了全程生涯教育课程体系，努力打造四门"金课"：第一学期的"思想道德与法治"，第二学期的"生涯探索"，第三学期的"幸福生涯"，第四学期的"就业指导"。除了第三门课是公共选修课外，其他三门皆为全院必修课。这些老师为同一班级系统讲授这三门课，自封为这个班的第二班主任，是学生的心灵导师。这是一群具有特殊身份的老师，他们既是思政老师，也是学生的全程生涯导师。为了多一些课堂管理的感悟分享与从容应对，少一些可能的茫然无措与仓促突然，已记不清多少个周五的下午，伴随着悠悠茶香，"大思政"团队相聚于工作室，研讨、打磨课程。这儿成了大家的精神家园。我们能感受到"思想的碰撞，生命的拔节"，感受到"发现，融合，与成长"。

就这样，一门接一门课程有了初步的模样，一本接一本的教材也落地而生。2022年2月第一本教材《就业指导实践教程（活页版）》出版了。今天我们即将迎来第二本教材《生涯探索实践教程（活页版）》的出版，内心的喜悦不言而喻。

《生涯探索实践教程（活页版）》在《就业指导实践教程（活页版）》的基础上，保留了学生版PPT样式、便于拆卸的活页式、便于记感悟的笔记处。两书保持同一风格，并可装到同一个PVC封壳里，因为它们对应的两门课为同系列课程。彩绘PVC封壳让人眼前一亮。感谢陈刚老师的创意，也感谢蔡明明同学手绘的IVT校园图为封面添彩。

《生涯探索实践教程（活页版）》的内容聚焦自我探索部分，从兴趣、性格、能力、价值观四个维度来探索"我是谁""我想过什么样的生活"，让学生向内望见自己，爱自己，做自己。我做了最初的课程设计，研发出教师版PPT，并分享给课程团队。感谢课程团队的陈刚老师、彭云老师、杨景波老师、骆云老师、何菁老师、张劢老师、何大勇老师、张正余老师、程文文老师、王睿文老师在课堂中运用与完善。特别感谢彭云老师和陈刚老师，我的每节课他们都来听。彭云老师完善了教师版PPT，陈刚老师则在教学内容上精进，他们给了我很多启发与帮助。还要感谢两位一直关心与指导这个课程团队的校领导。一位是主管学院教学与科研工作的王寿斌校长助理，他分享给我很多前沿的教育理念与课程创新思路。另一位是主管学院思政工作和学生管理工作的蔡海飞校长助理。教材的活页装帧构思来自他，在PPT制作方面他也引领团队前行。在《就业指导实践教程（活页版）》教材中，他还负责了"面试关"部分内容，自己做模特示范，让我很感动。

当然，我最想感谢的是五位副主编——刘千千、王太保、宋锴、王思齐、顾思琦。他们都是我的学生，都来自一个跟随着工作室的学生社团"拾梦织涯社"的社长团队。从教师版PPT转换到可出版的学生版PPT，需要大量的原创图片。学生们在这方面的天赋胜过了老师。他们用各种方法来完成。感谢顾思琦完成了第一单元的制作，宋锴完成了第二单元（上）及第五单元的制作，王思齐完成了第二单元（下）的制作，刘千千完成了第三单元的制作，王太保完成了第四单元的制作。同时感谢彭云老师完成了开场白的制作，陈刚老师完成了期末考试部分的制作。另外，书中还采用了蔡明明、汪艺文、袁琛、赵锦堃等同学的作品。这又是一本师生共创的教材。

眼下，正值苏州最冷的季节。我摸着这本融合集体智慧的书稿，百感交集：它冷冷的，在我心里却如冬日里的暖阳，暖暖的，因为有爱的流动；它薄薄的，在我心里却是沉甸甸的，满载着师生间的浓浓情谊。

没想到，一本书能让师生如此紧密连接；没想到，一本书能让我深深体会到"IVT与我共成长"；没想到，一本书可以让我们更好地体会到什么是幸福完整的教育生活。

苏州工业园区职业技术学院

徐倩工作室

徐　倩

2022年12月18日